台灣地方政治勢力變動圖（一九七二～二〇一八）

中國國民黨　親民黨
民主進步黨　新黨
不在選舉範圍內　無黨籍

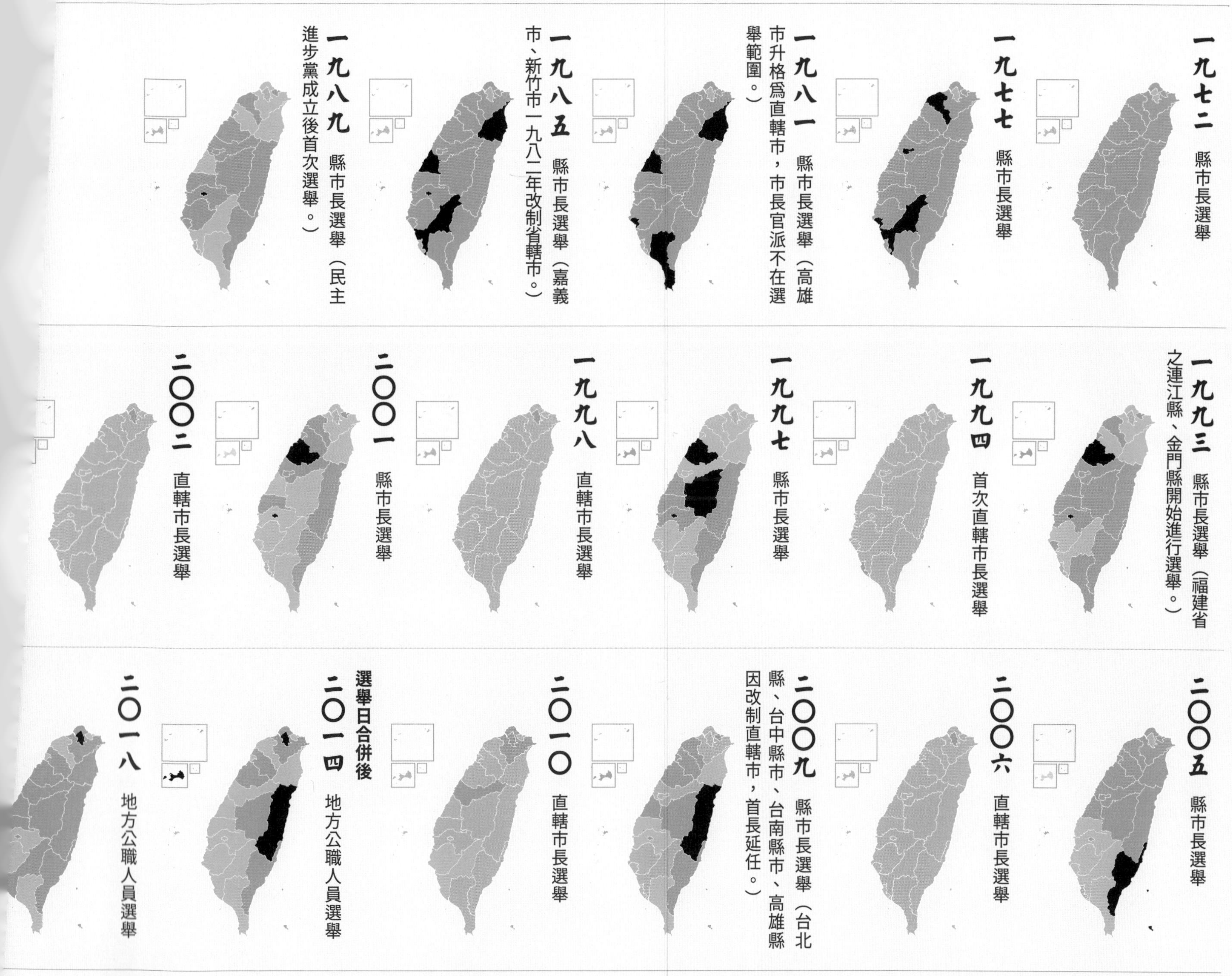

主編 張辰漁 作者 莊岳燊、曾沅芷、許雅玲、吳昌峻、陳力航

社會事

權勢者的勝利手冊

台灣地方政治史的50個關鍵字

台灣地方政治勢力變動圖（一九七二～二〇一八）

中國國民黨
民主進步黨
不在選舉範圍內
親民黨
新黨
無黨籍

一九七二 縣市長選舉

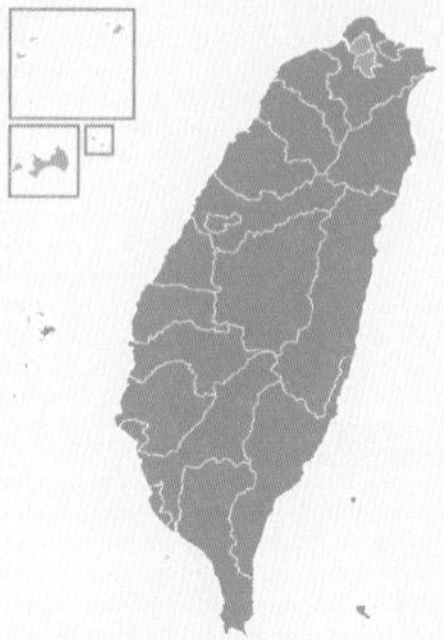

一九七七 縣市長選舉

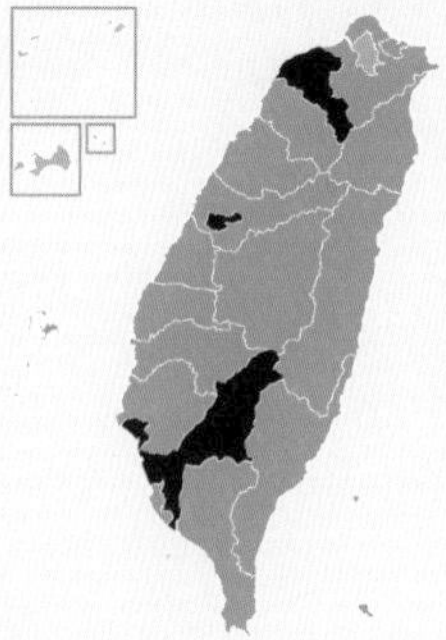

一九八一 縣市長選舉（高雄市升格爲直轄市，市長官派不在選舉範圍。）

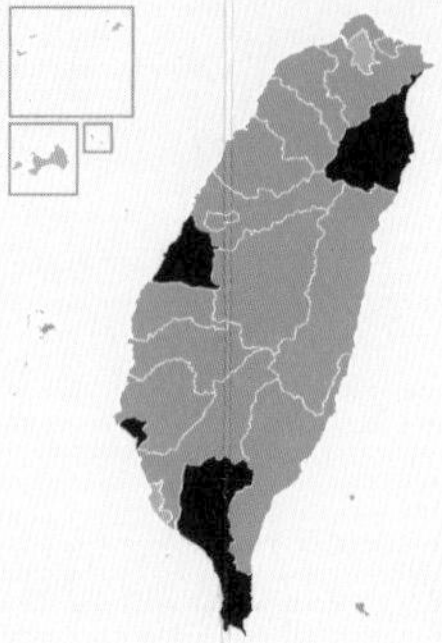

一九八五 縣市長選舉（嘉義市、新竹市一九八二年改制省轄市。）

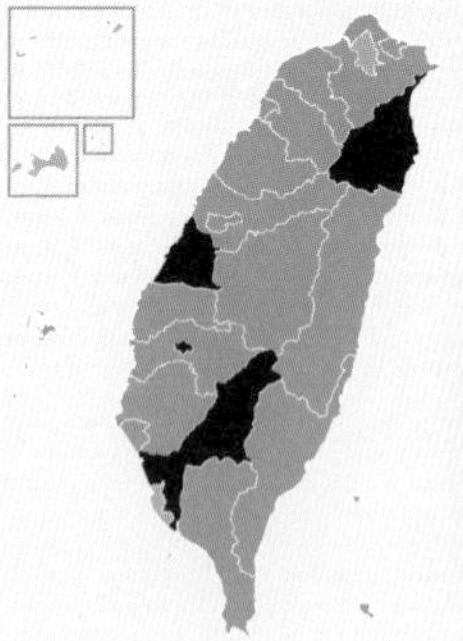

一九八九 縣市長選舉（民主進步黨成立後首次選舉。）

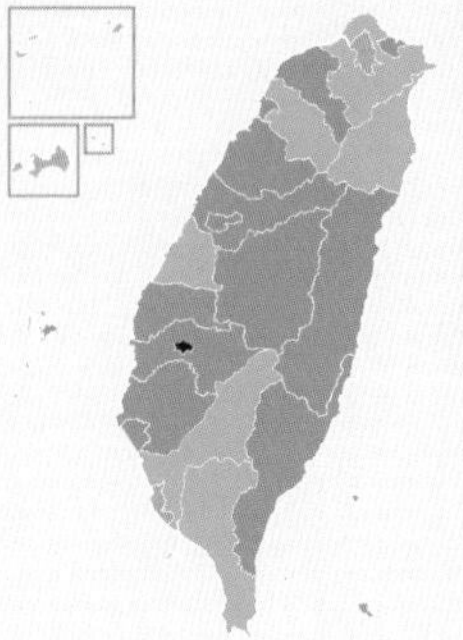

一九九三 縣市長選舉（福建省之連江縣、金門縣開始進行選舉。）

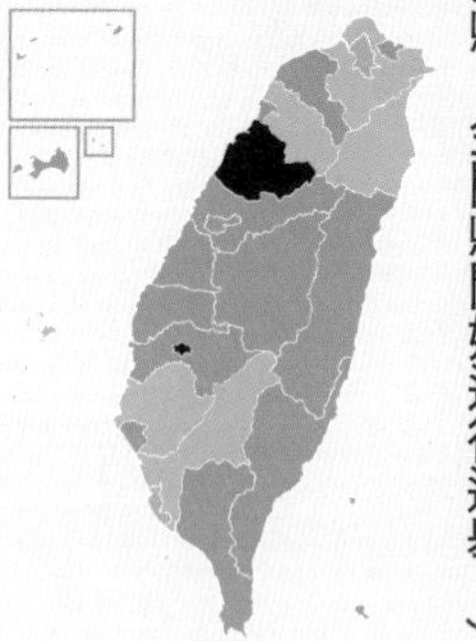

一九九四 首次直轄市長選舉

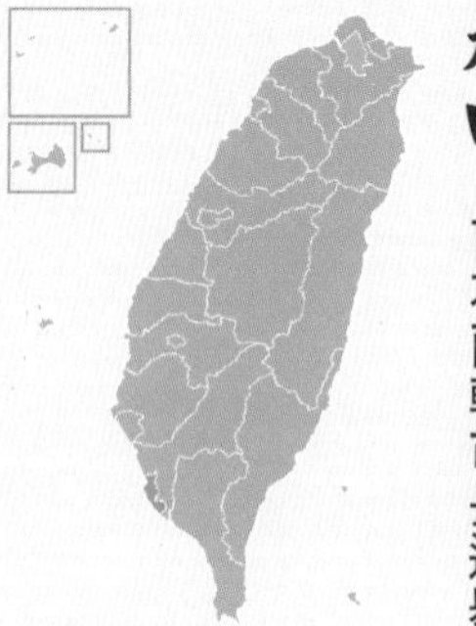

一九九七 縣市長選舉

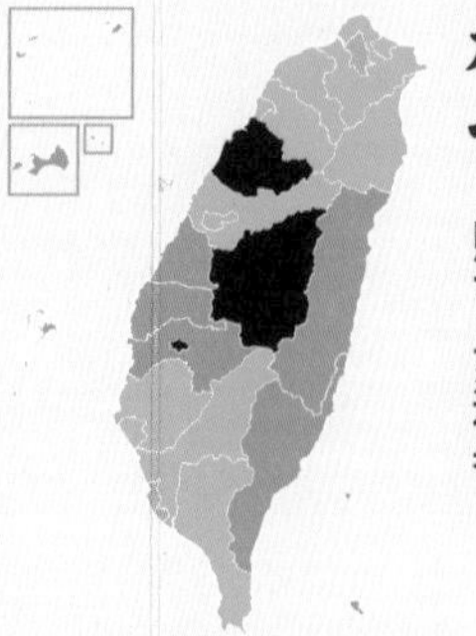

一九九八 直轄市長選舉

二〇〇一 縣市長選舉

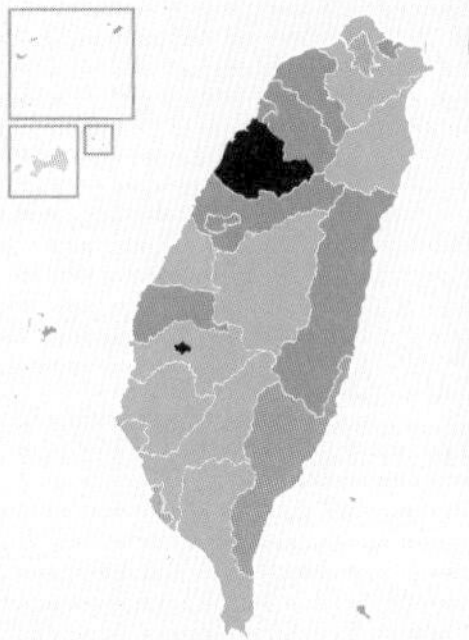

二〇〇二 直轄市長選舉

二〇〇五 縣市長選舉

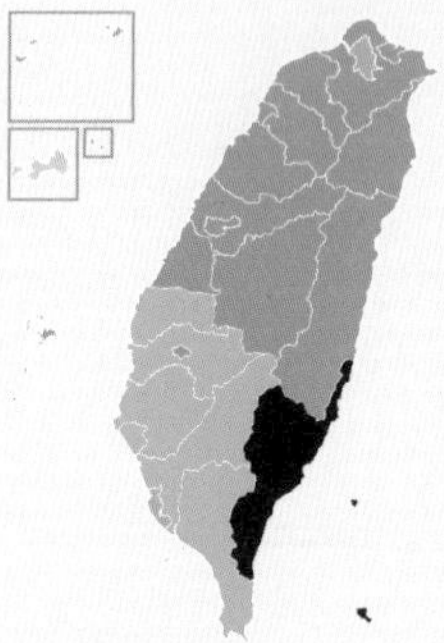

二〇〇六 直轄市長選舉

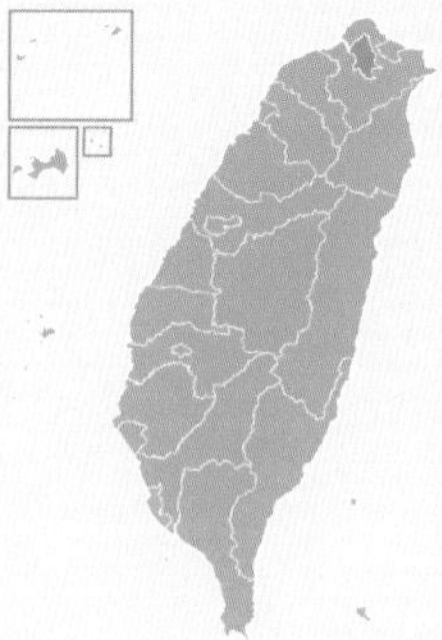

二〇〇九 縣市長選舉（台北縣、台中縣市、台南縣市、高雄縣因改制直轄市，首長延任。）

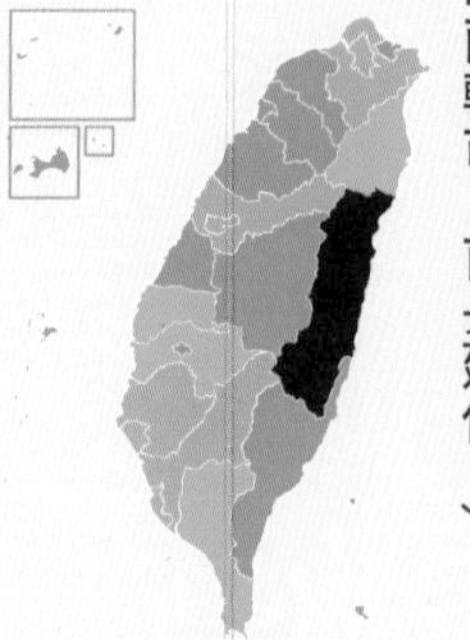

二〇一〇 直轄市長選舉

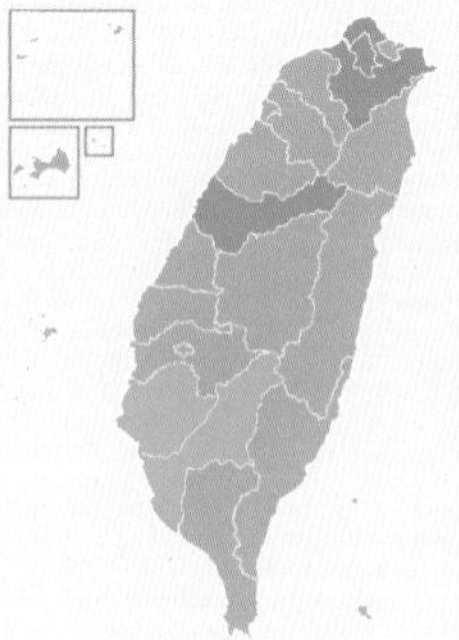

選舉日合併後 二〇一四 地方公職人員選舉

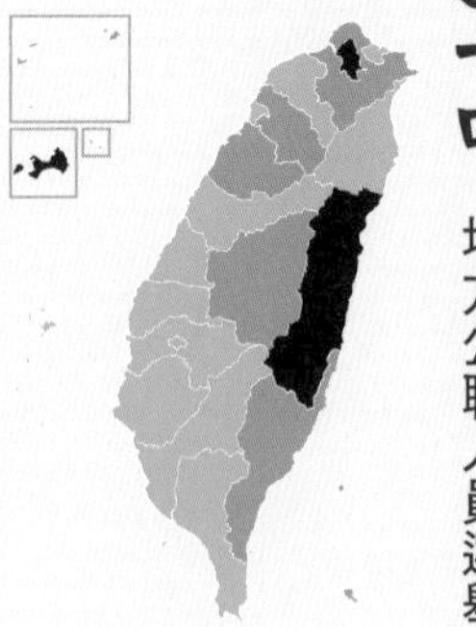

二〇一八 地方公職人員選舉

時代背景 27

善良人佇扛轎 43

推薦序

推薦序

三位一體的黑金政權原來是這樣煉成的！

葉浩（政治大學政治學系副教授）

本書的五十個關鍵詞是五十塊拼圖，讀者在短時間閱讀之下，即可拼出一幅國民黨如何在解嚴之後建立起一個黑金體制的圖像。這個由政黨、黑道、金主三者所組成的一種侍從體制，固若金湯，雖然在過去兩次總統大選中受到了撼動，但上述三位一體的結構並未瓦解，且隨時可能捲土重來。

這五十塊拼圖是由六位年輕的文史工作者從大量的文獻當中拼湊而來，且每塊都是一個具體的故事或案例。「拼湊」兩字並非意指研究方法不嚴謹或涉及杯弓蛇影的臆測；相反，那是因為這些圖像曾在官方與主流媒體的綿密操作之下，讓另一幅耀眼奪目的「寧靜革命」或「民主奇蹟」的看板所遮蔽——若想呈現背後那相對不光彩的樣貌，不得不從非官方以及難登大雅之堂的非學術文獻當中去拼併比對，才能讓真相逐漸浮現。

根據社會學家路克斯（Steven Lukes）的著名理論，權力運作可分為明顯可見「誰輸、誰贏？」的第一向度，相對難以檢測或確認的第二向度，關乎「誰制定議程或遊戲規則？」，以及最難察覺但卻真正支撐著一套議程或遊戲運作的思維模式、價值觀念和非正式制度的第三向度，包括風俗、信仰乃至一般意義上的文化和政治文化。本書試圖勾勒的正是台灣政治權力運作的第三向度。「宮廟」、「紅白帖」、「斬雞頭」等信仰與習俗對地方政治影響重大，「宗親會」、「農會」、「漁會」、「婦聯會」、「農田水利會」等看似無涉政治的組織，其實也是黑金體制的一環。至於「喝花酒」、「搓圓仔湯」、「選舉六合彩」等現象，則是島上獨特的政治文化內涵。

第三向度也就是最為鞏固的權力結構，一方面頑強抵抗著來自西方的現代民主制度，一方面則造成該制度在移植過程中諸多水土不符的症狀，例如本書提及的「議會保護傘」，在本地脈絡底下的實際運作與成熟民主國家的方式和意義大相徑庭。

當官方甚至主流學界不願意正視民主化過程的幽暗面時，不在高位或學術機構的民間學者，反倒更能不受限地刻畫事實真相。這或許也是一種「禮失求諸野」的展現。不過，操刀撰寫五十個條目的五位作者，都是科班出身的歷史工作者，因此在採用口述史、田野調查、文獻回顧等研究方法上都禁得起檢驗。鑑於大部分的引用文獻是來自《聯合報》與《中國時報》，其實想對他們扣上「選擇性偏差」的帽子也難。

事實上，有心的讀者也可以把黑金體制的五十塊拼圖再次打散，然後循著每一個條目上的文獻指引，去拼湊出更加巨大的民主化圖像，例如加上國營企業如何提供一個旋轉門，讓選後的失業政客搖身一變成為大企業的董事，亦或國民黨如何利用黨國基督教來打造「愛神愛國」教會系統的事實，那鋼鐵般的三位一體將會更加地神聖，黨國菁英打造經濟奇蹟的故事也會更像神話！

推薦序

先從正確認識這五十個關鍵字開始吧！

管仁健（文史工作者）

從台灣戒嚴後期的一九七〇年代起，尚未組成民進黨的「黨外」，就已經出現了路線之爭。第一種是以「新潮流」為代表的「改革體制派」，強調應割捨地方派系舊有力量，以意識形態動員的「群眾路線」。

第二種則是以「美麗島」為代表的「體制改革派」，期望結合所有黨外的地方實力派人物的「議會路線」。一九八八年蔣經國死後，一九八〇年「美麗島事件」後被關押的政治犯，除施明德以外全都出獄，大多也透過選舉，先後擔任縣市首長或立法委員。

美麗島系的軍師爺張俊宏，一九八九年甚至主編《到執政之路：「地方包圍中央」的理論與實際》一書，成為往後十年民進黨的發展策略。透過縣市長選舉逐步取得政權，這一策略果然大有功效，出人意料的在二〇〇〇年就贏得總統大選，完成首次政黨輪替。

但諷刺的是到二〇二一年的今天，民進黨兩度執政，四次在總統直選中獲勝。二〇一六年與二〇二〇年這兩次大選，還都是「完全執政」，也就是除了總統勝選，連立法院席次都獲得絕對多數。

更諷刺的是當初堅持走「群眾路線」的新潮流系，如今卻成了民進黨內可以操控初選結果的最大派系。相反的，強調「議會路線」的美麗島系，卻在總統都可以直選後逐漸萎縮，如今幾乎就是「名存實亡」。

但最諷刺的還是即使民進黨總統能兩度當選並連任，在單一選區兩票制的立委選舉中也擁有絕對多數。甚至國民黨在下野又失去黨產後，無法牽制地方派系，政策性的輪流提名，地方派系更早已不甩國民黨中央。擁有中央執政權及部分民進黨籍縣市長，還能以行政資源收買攏絡地方派系。

但民進黨即使擁有這些「利多」，偏偏地方基層的縣市議會，議長副議長幾乎全是國民黨。台南市議會裡，即使民進黨席次比國民黨多，市長也是民進黨，卻連續兩屆都有多位民進黨議員跑票，讓國民黨或國民黨支持的無黨籍人士當選議長。

民進黨三十年前還悲觀地認為，中央永遠是國民黨執政。民進黨能獲得幾席縣市長，就算是「地方包圍中央」了。沒想到國民黨衰敗得如此之快，但民進黨在地方上卻永遠是老二，甚至是老三，變成了國民黨在喊著「地方包圍中央」。

更誇張的是自二〇一六年二次政黨輪替，蔡英文當選總統後，中國為了壓縮台灣的國際空間，始終拒絕和民進黨政府溝通，架空海基會；然後繞過中央政府，直接收買台灣地方政客。

這幾年藍營執政的縣市，上下齊心的跑中國像「走灶腳」；綠營執政的縣市，鄉鎮長與縣市議員，也是公然走訪「匪區」如撲火飛蛾，實現了中國對台灣的統戰主旋律「地方包圍中央」。

武漢肺炎疫情爆發後，藍營縣市長用「疫苗短缺」為理由，要跳過中央直接找中國「求援」，美日兩國也看到了這種「克里米亞模式」的危機，緊急贈送台灣數百萬劑疫苗，暫時讓台灣不至變成一九四九年的「北平模式投降」。但中國所用的「地方包圍中央」，手法可說是越來越成熟。

地方政治是台灣民主的基礎，台灣民主制度要崩壞，中國要不戰而拿下台灣，崩壞的第一塊骨牌，必將也都是早已病入膏肓的地方政治。

台灣的地方政治到底出了什麼問題？總統直選不到三十年，地方自治的選舉已經七十年了，台灣的地方政治為何這麼糟糕？同樣的選民，在中央選舉時知道國家主權的重要，但在地方選舉時為何又「分裂投票」？

要解答這些問題，確實不容易。長期關注人文社會議題的張辰漁，與莊岳燊、曾沅芷、陳力航、許雅玲與吳昌峻，用「台灣地方政治史」故事中的五十個關鍵字作詮釋，期望能以淺顯的文字，讓大家更了解台灣政治史。

工欲善其事，必先利其器。要了解複雜到近乎無解的台灣地方政治生態，要破解中國「地方包圍中央」對台灣的統戰，甚至要維繫一個民主自由國家的長久生存，就先從正確認識這五十個關鍵字開始吧！

推薦序

台灣民主化過程中的政治事與社會事

嘉義小商人（GTOKevin，PTT名人）

當辰漁兄傳來這本大作時，我沒想到有這個榮幸能夠先行閱讀令人讚嘆的作品。我雖然在國外經商多年，但是此大作裡的許多政治名詞，讓我的許多回憶，滾滾湧上心頭。從頭開始讀起，不知不覺就把整本作品給讀完了，確實有料，確實有趣。比起其他國家，台灣社會對於政治的熱衷比例程度，是相當高的。很欣慰有許多青年站出來做社會運動，年輕人參政的比例也慢慢增高。因此許多台灣的政治歷史、政治名詞，有這幾位作者能如此詳盡的介紹解析，這也是對社會的一種回饋。台灣民主化的過程中，總是會有許多黑暗面、也有許多令人感動的一面。在當時的台灣社會所發生的種種事件，都是催化台灣民主化的過程，才有今天民主政體的台灣。

我從小在南部長大，經歷過的與看過的，固然與台北不同。此作品裡有提到地方派系，這個就相當有意思。我的家鄉嘉義市，在還沒分治之前，都是同屬於嘉義縣。那個時候也分了許多派系，也有許多的幫派黑道等等，不同的團體。在北部的朋友很常聽到「地方派系」這個詞，但是我相信真正了解其中意思的朋友並不多。地方派系是什麼？地方派系如何形成？地方派系如何影響台灣的選舉？地方派系的利益糾葛為何？這其實都是個相當有意思的話題，嘉義市明明是個民進黨票數大於國民黨票數的地方，但是為何國民黨的黃敏惠家族能夠屹立不搖？此書就能與各位解說地方派系裡的其中奧妙，相當有趣。

另外一個有趣的題目，提到在我們雲嘉地區也很流行的「航空業」。此航空業，非各位所想的航空公司，這裡指的是賽鴿賭博，絕大部分的人無法理解賽鴿到底有怎樣的商機，台灣的「航空業」可以壯大到有各區的理事會，各縣市的不同的協會。其中的賭金也是相當可觀，有一句話叫做「台灣人不怕輸，只怕沒得賭」。台灣人的賭性並非浪得虛名，這也造就了一個相當奇特的賽鴿賭博文化。此文章也寫得相當的好，解釋分析的相當有條理。

以前我們看到了什麼，我們經歷過了什麼，好的我們保存下來，壞的我們慢慢地改掉，使台灣社會更加的進步和諧。現在政治有太多的藍綠對抗，但是政治是管理眾人之事，大家必須得關心社會，關心政治。眼中不要有藍綠，我們要看的是有是非，這樣對社會才會更好。台灣人民手上的一票可以選出民意代表，人民賦予民意代表改變，改善的權力。有權力的人，不能辜負將他們選出來的人民。從國民黨撤退來台的一黨獨大，到現在的多黨政治，這些進步都是相當珍貴的。今天我們有如此自由的國度，也都是從以前先烈所打拼以及用生命所換來的。

台灣社會要進步，那我們得記取以往的經驗與教訓，人民要認同，有同感，這樣才能促使台灣社會更加的進步。讀了此作品，讓我感慨，光陰匆匆時間飛快。已故蔡同榮委員當時是海外黑名單，冒死回來台灣參選立法委員，並當選立法委員之事彷彿昨日之事。在此我推薦許多想踏入政治的朋友們，此作有許多寶貴的資訊，不妨閱讀一下，了解一下台灣的政治演變史裡的辛酸血淚，以及先烈犧牲自我所得到今日的自由台灣。

推薦序

陌生又熟悉的關鍵字，一窺台灣「權勢者的勝利模組」！

賴品妤（立法委員）

「自由民主就像是空氣，唯有在窒息時才會察覺它的存在。」

我想，對於現在多數的台灣年輕夥伴來說，民主、自由等價值就如同是空氣一般，理所當然但也不可或缺。但是，這些看似稀鬆平常的「空氣」，卻也耗費了幾個世代民主前輩許多的「力氣」，甚至還犧牲了自身的自由、生命，而成為了我們這個世代享受民主果實的養分。

然而，正是因為得來不易，所以我們不能忘記。透過了解台灣民主化的歷程以及地方政治的發展脈絡，來認識這塊土地、提醒自己民主制度的難能可貴，以此堅定身為台灣人的自主意識，這是生活在這塊土地上的每一個人，不可迴避的台灣史觀建構工程，我想從本書著手便是很不錯的入門選擇。

主編本書的張辰漁長期關注社會議題，此次和五位作者使用五十個在台灣政治史上大名鼎鼎的「關鍵字」，來勾勒出我們民主轉型階段的地方政治輪廓，並且拼湊出當時威權者利用「恩庇——侍從主義」來穩固外來政權、獲取地方黑金的共生結構的歷史脈絡。

相信，對於很多青年朋友來說，這五十個關鍵字是極為陌生卻又熟悉的存在，同時也是讓各位對政治場域懷抱著神秘感以及產生負面標籤的符號。在一九五〇至九〇年代，台灣風雨飄渺的那個年代，包含我在內的許多青年世代都尚未出生的時間點，外來政權為穩固領導權威，利用利益結盟與地方勢力共生共存，衍伸出了許多以現在角度來看十分荒謬，而且完全無法想像的事情；而本書的作者群使用大量的文獻分析，每篇配以一個當時真實發生的新聞事件作為「楔子」，並且化繁為簡的解析出各種組織脈絡、政治手段，帶著讀者一窺當時台灣「權勢者的勝利模組」；另外，本書的四大篇章亦很有技巧性的將各個關鍵字分類，從選舉動員組織、選舉手段、利益釋出最後到利益分配皆依序做了分析，同時很有趣的是，隨著篇章的增加，越後面的內容也好像越「黑暗」，令人腎上腺素激增，讀了久久無法自拔。

雖然，本書中勾勒出的政治符號看似是已經逐漸遭時代淘汰的「舊政治」，或許會有部分讀者認為很骯髒、很黑暗，但是不能否認的是，這都會是屬於台灣的重要政治文化內涵，透過爬梳、整理這段歷史，為建構富含台灣文化的政治學研究投入關鍵的力量。

曾經有人說過：「自由民主就像是空氣，唯有在窒息時才會察覺它的存在。」我認為，現今看似空氣的自由民主價值，是台灣民主政治不斷「辯證」的成果，我相信，透過對威權的認識，我們更能意識到自由民主的珍貴，並且以歷史為借鏡，讓這段台灣民主化歷程中獨有的「負面特產」，永遠成為「歷史」。

接下來，台灣即將邁入下一個階段，一個全新的時代；當過去前輩們為民主付出的血、淚已經成為了養份，並灌溉了這個新時代的土壤，期待全新的種籽能夠萌芽，並在未來成長、茁壯，結出一顆顆豐滿的果實，成為再下一個世代朋友們的能量。

出版序

出版序

社會是溜溜瞅

張辰漁（世界柔軟數位影像文化總監）

社會是溜溜瞅，萬事著靠目睭……（Siā-huē sī liu-liu-tshiu, bān-sū tio̍h khò ba̍k-tsiu）

台語歌星方順吉在一九九○年代紅遍台灣的歌曲《翹腳髯嘴鬚》中是這麼唱的，意思是人們在社會上走跳，除了目色[1]（ba̍k-sik）要好，也要記得多結交一些可以互相拉拔、商量的鬥陣的[2]（tàu-tīn--ê），才能應付無所不在的「社會事」。

剛跨入千禧年不久的某一天，幾個十一、二歲的小男生，因為球場上的不愉快，分站兩側對峙著。

「你敢有咧理社會事？」[3]（Lí kám ū--leh lí siā-huē-sū？）

肢體碰撞引起了口角，一群小孩學起大人的模樣互相幹譙，那時是我第一次聽到這句話。

「阮大兄是綴XX班的，好姦就出來輸贏啦！」[4]（Guán tōa-hiann sī tuè XX pan--ê, hó-kàn tō tshut-lâi su-iânn--lah！）

「阮阿叔是OO商場彼爿的，你這馬掠做是你咧主事都著啊啦？」[5]（Guán a-tsik sī OO siong-tiûnn hit pîng--ê, lí tsit-má lia̍h-tsò sī lí leh chú-sū to-tio̍h--ah--lah？）

雙方都不願意退讓，開始搬出家裡的道上關係。以某位大哥為首的組織，就叫XX班，勢力範圍在OO商場的，則是OO商場幫。至於「好姦」在台語裡指的是有種、有本事的意思，常常會在爭吵或咒誓的時候聽到。

後來的求學過程中，時常聽到某同學親戚在放高利貸、某同學親戚在經營賽鴿賭博……這些江湖傳說通常都不是真的，都是食喙[6]（tsia̍h-tshuì）而已，但大家對這些事沒有概念，都被唬得一愣一愣。不過，無論是吵架時搬出來的角頭親戚，或是地下賭盤的組頭，當時聽到同儕能有這種遍歷「社會事」的長輩，就好像有個實力雄厚的靠山一樣，心裡總是羨慕的。

幾年前初入社會，因為工作的關係到地方上採訪，第一次見聞了所謂「危機即轉機，轉機即生意」的高明操作。當地的帶頭大哥先是利用噪音和污染事件，煽動庄裡的村民癱瘓工廠的進出道路，拉抬自己的地位，接著裝成和事佬向企業收取敦親睦鄰金，用於庄裡的雜項開銷。接著，他用「協助處理民怨」來向企業邀功，藉此成功包下廠區內修整植株的綠美化工程，如

1. 眼色、眼神。
2. 志同道合的朋友。
3. 華語之意爲：「你有沒有在理社會事？」
4. 華語之意爲：「我哥哥是跟XX班的，有種就出來輸贏啦！」
5. 華語之意爲：「我叔叔是OO商場那邊的，你現在以爲是你在主事的就對了啦？」
6. 吹牛、說大話。

此一來一往，名聲、鈔票都賺到了。神也是他，鬼也是他。

我對如此奇巧的變化驚訝不已，同行的友人說，這種蓋著真相，從中謀取利益的手法，在台語叫做「烏龍踅桌」[7]（Oo liông sėh toh）。友人接著說：「社會事你閣識袂透咧！」[8]（Siā-huē-sū lí koh bat bē thàu--leh！）。

那到底什麼事算是社會事呢？

粗略來說，「社會事」除了是以「利」，或者以「力」服人的生存伎倆，也是建構在社會人情網絡上，一種法律照拂不到的利益交換形式。

一九八〇年代末期，政府宣佈解嚴，社會力得到解放，股市上萬點、房市飛漲，一片生機勃勃；另一邊則是群魔亂舞，一九八四年一清專案被逮捕的大哥獲釋後，紛紛投入選戰，希望獲得免死金牌；同時，中央政府為了維繫政權，也開始扶植這些熟悉地方事務，能喬定各方利益的的頭人。一時之間，民代成為了最炙手可熱的職位，而政治菁英、資本家、黑道三種勢力互相結合，透過綿密的網絡支配民間社會，開啟了黑到泛金的年代。

但這個「賄賂沒風險、利益即正義」的時代，究竟是什麼樣子？權力運作的細節是什麼？利益交換的體制又是怎麼形成的？

我們先從公共事務的運作及日常營生的角度切入，訪問熟悉地方事務的人士、查閱三四十年前的舊籍資料，選定具代表性的五十個地方政治關鍵字，透過整理、叩問這些眉眉角角的社會事，來拼湊出更多台灣社會過去的真實面貌，以趣聞的方式介紹「恩庇——侍從」體制下的權力牢籠與地方政治萬象。

在理解這些歷史脈絡後，生活在此特殊國家的我們，終究能更清楚的知道自己站在哪裡，要走向何方。

---

7. 語意爲：做人處事故意將事實扭曲，將因果倒置，借用權勢、利用時勢從中獲取利益的人。

8. 華語之意爲：「社會事你還認識不清咧！」

時代背景

時代背景一：從國民黨來台到民主改革

莊岳燊

在正式進入台灣地方政治的世界之前，這篇文章能幫助你清楚的了解各個關鍵字所在的時代環境，以及當時發生的大事。如果你在閱讀本書的過程中，一時之間想不起關鍵字描述的年代是什麼樣子，回來翻翻這篇文章，就能讓你快速的掌握當時的時空背景！

〓一九五〇、六〇年代〓

是從什麼時候開始的呢……？

一九四九年，大批移民穿越台灣海峽，抵達了基隆港及高雄港，在這個陌生島嶼展開另一段生活——這一年內，有超過三十萬人為了躲避戰亂，抵達台灣。

撤退來台的國民黨政府，馬上就遇到了問題：作為一個外來政權，他們過去和台灣之間沒有什麼聯繫，沒辦法控制住各地方上的勢力。不只如此，一九四七年，台灣爆發二二八事件，大規模的屠殺和鎮壓行動，使得台灣人民和之後來台的這些「外省人」關係緊張。在本省人、外省人的族群區隔下，以少數統治多數的國民黨政府正當性大受挑戰。

為了消除人民對政權正當性的質疑，國民政府從一九五〇年起，陸續開放各項地方選舉。清楚反攻大陸無望的政府，在這時將發展重心轉向台灣，讓地方上的菁英們掛上黨徽參選，成為國民黨的代言人，而他們競爭的縣市長、議員，因為不屬於中央層級的職位，也不會威脅到統治階層。

國民黨想攏絡地方上的領袖，也要這些人同意才行。那麼，是什麼原因讓他們願意成為國民黨的政治人物呢？

一九四五年日本戰敗投降，國民黨馬上任命陳儀擔任台灣行政長官，來台灣進行全面接收，過去日本政府在台的財產，全部轉為國民政府所有。在經濟資本被統治者壟斷的情況下，想要一起分一杯羹，唯一的辦法就是加入對方。也因此到了一九五〇年代開始舉行的地方選舉，各地菁英與其領導的地方派系以「票投國民黨」宣示忠誠，換取統治者給予的經濟利益與特權。

而所謂的利益，究竟有多麼誘人呢？舉個例子來說，如果你成功當選省議員，你所屬的縣級派系就能享有省營行庫的特權貸款。除了借錢有特別的門路，和國民黨合作的菁英還能參與政府特許的獨佔經濟活動，像是信用合作社、青果合作社、農漁會，以及銀行。既然你已經是政府的夥伴，那麼縣市公部門的工程、標案肯定不會少了留給你賺錢的機會，但最後的這兩項或許才是最吸引人的：藉由公共建設或都市規劃的名義大炒土地價格，或是在政府的保護下，經營非法的賭場或地下舞廳。

國民黨提供政治權力和經濟特權，換取地方菁英和派系的支持，這種模式叫做侍從主義（clientelism），而國民黨沿用自日治時期總督府的地方選舉制度，同樣提供派系壯大的機會。

就拿競爭激烈的縣市議員選舉來看，台灣採用的是「複數選舉區單記非讓渡投票制」，簡稱為SNTV的選舉制度：每個選區要選出超過一個人以上，但一個選民只能投一張票。選舉結果依照各個候選人的得票數多寡，產生最終的數位當選者。[1]

在SNTV選制中，因為當選者是以得票數的多寡排序出來的，就可能產生像下圖的這種情況：

候選人	票數	得票率
甲（當選）	**13,750**	**37.18%**
乙（當選）	**2,398**	**6.48%**
丙	2,377	6.42%
丁（當選）	**17,656**	**47.74%**
戊	798	2.15%

在這場虛擬的選舉中，共有五位候選人參選，並選出三位入主議會。在SNTV選制下，候選人乙即使得票慘輸給甲丁，最後還是當選了！

這樣的制度特色代表什麼呢？這代表著，如果想當選，其實不需要太多選票，只要牢牢抓住一定比例的支持者就夠了。如此一來，許多候選人在選前便請客、賄選樣樣來，盡可能的穩固票數，國民黨呢？反正最後當選的是自己人就好，也就對這種競選手段睜一隻眼，閉一隻眼了。

原本就有錢有人脈的地方派系，在選戰起跑時就贏了別人好幾步，成功當選後，又能盡享執政的各種經濟和政治特權。為了確保能不斷的贏下去，國民黨和地方菁英合作，將人馬安插在各種地方組織中，在選舉時搖身一變，成為黨的投票機器，他們也透過民眾服務社或農業組織建立了綿密的樁腳系統，在選前買票、配票。中央提供資源和地方派系交換，加上有利的SNTV制度，使得國民黨所向披靡。有政治抱負卻沒有金錢、人脈相挺的候選人，只能當炮灰。

一九七〇年代

侍從主義的運用，讓遷往台灣的國民黨政權穩定了下來。不過，地方派系有了群眾支持與經濟實力，漸漸不願意聽從國民黨的指揮。為了削弱地方勢力，蔣經國於一九六八年起，嘗試提名黨自己培育的候選人空降參選縣市首長，將地方派系的力量向外排除。[2]當然，地方派系怎麼可能眼睜睜看著手上的肥肉還給國民黨呢？一九七七年，部分地方派系轉而和黨外勢力合

1. 此制度最早於日治時期推行於台灣，直到今日的台灣縣市議員選舉仍繼續使用。
2. 此做法稱爲「派系替代」。

作，與國民黨一較高下，有些地方派系則選擇不支持黨提名的候選人，讓他們明白選票掌握在誰手上！

沒有地方派系支持的國民黨，果然在選舉中嚐到苦頭：這次縣市長選舉中，桃園縣、台中市、台南市、高雄縣一舉被無黨籍候選人奪下，國民黨受到嚴重打擊，從此更依賴地方派系的幫助。

◉重要事件

一九七二年——十二月，「台大哲學系事件」爆發，使反對、改革派聲音被打壓。同年，經由立委選舉當選的非國民黨人選，開始凝聚黨外力量。

一九七四年——六月，《農會法》全文修正公布。農會會員資格認定變寬鬆，總幹事擴權，整體農會組織體系自治精神式微。

一九七五年——十二月，本年立法委員選舉，黨外運動元老郭雨新因作票落選，此事件造成的民意不滿影響中壢事件爆發。

一九七七年——十一月，本年縣市長選舉爆發了中壢事件，這是台灣選舉史上首次民眾抗爭事件。同年省議員選舉，黨外勢力在省議會七十七席中奪下二十一席，每每黨外議員質詢，旁聽席都爆滿，可見當時民眾參與政治熱情程度。

一九七八年——三月，蔣經國當選中華民國總統。

一九七九年——一月，台美斷交、橋頭事件爆發。十二月，美麗島事件爆發。此後黨外勢力開始組織化，漸有政黨雛形。

一九八〇年代

來到一九八〇年代，在黨外勢力與民間的努力之下，政府大幅解除參與政治活動的限制，展開政治改革，結束威權體制，走向民主。而國民黨獨霸台灣政壇的局面，也在一九八〇年代中期風雲變色。

一九八六年，民進黨成立，民眾投票時，不再只有一個政黨可以選擇。同樣有更多選擇的，還有各地的派系。過去國民黨執政時，一手掌握政經資源，地方派系為了拿到好處，必須和國民黨合作。但現在檯面上多了一個民進黨分食，國民黨沒辦法獨佔所有資源，一旦利益不夠分配，地方派系就開始翻臉：在選舉時不支持國民黨候選人、脫黨、脫派，甚至在民進黨的拉攏下轉換陣營，狠狠反咬一口。

民進黨高舉著政治、社會改革的大旗，成功得到部分民眾的支持。備感壓力的國民黨，轉而尋求其他勢力的支持，地方上的黑道，便成為新的合作對象。雖然黑道從事暴力、非法的產業，但是黑道成員往往為人海派，還常常幫忙排除地方上的問題或糾紛，因此頗受地方民眾的支持。對黑道來說，他們平常受制於警方對非法行業的查緝，只要能進入政界，反而能當起警察的上司，這麼一來生意就能不受騷擾，當然願意參選。

一九八〇年代，也是台灣經濟飛速成長的時期，許多經商致富的商人投入大筆金錢支持候選人，或推派與其關係密切的候選人參選，讓代表自身利益的政治人物在議會推行對自己有利的政策。這些商人還同時引入黑道勢力，藉由他們的暴力手段打擊其他商業上的競爭對手。黑道雖然起初只幫忙商人助威、喬事，但有些大哥在熟捻商業操作後，也開始自己當起老闆，以合法公司掩護非法勾當，甚至因此發大財的人也在所多有。

結果，政黨把黑道推出來競選，商人則把黑道領進商業世界，政治人物又和商人互相結合，壯大實力。商人、黑道和政治人物三方各取所需，結為一體，台灣「黑金政治」的時代就此展開。

◉重要事件

一九八〇年——二月，林宅血案。

三月，美麗島大審。由於審判為公開進行，被告原先受媒體塑造的叛亂犯形象消失，受到民眾同情、支持。同年立委選舉，黨外主力因案身陷牢獄，由家屬出征（姚嘉文、張俊宏妻等）當選，延續實力。

一九八四年——十一月，一清專案。

一九八五年——二月，十信案爆發。

一九八六年——九月，民進黨成立。

一九八七年——七月，解除戒嚴。

一九八八年——一月，報禁解除。

一九八九年——十二月，本屆四合一選舉，民進黨總體席次、得票率全數增加，尤其在縣市長部分國民黨遭遇大敗，二十一縣市中丟掉七縣市。[3]

一九九〇年代

一九九二年，在民間強烈的改革呼聲下，台灣進行了第一次的全面立委改選，這也代表著，政府終於開放了具有極大政治影響力的中央層級民代選舉。[4]這次的立委選舉採用的是前面提到的SNTV選制，[5]而各黨為了當選，無不極力拉攏地方派系，動員人情和資源進行選戰，造成選舉經費不斷飆高，賄選事件層出不窮。而自一九八〇年代開始，台灣雖迎來經濟榮景，但治安敗壞、政治腐敗、環境被大肆破壞，勞資糾紛頻傳，人民對政府失望，不滿的情緒不斷升高，透過選票掀起的另一場政治巨變，正開始醞釀……。

◉重要事件

一九九〇年——民眾對政治改革的訴求，隨二月政爭和三月開始的野百合學運爆發。隔年總統李登輝藉由外界壓力推動修憲。

二清專案。

一九九二年——十二月，本年立委選舉首度增列不分區立委。因名額增加，提升地方派系進軍

---

3. 四合一選舉包含：省議員選舉、各縣市縣市首長選舉、台北市直轄市議員選舉、高雄市直轄市議員選舉。
4. 一九九一年，政府就已舉行國民大會代表的全面改選，然由於國大代表的政治影響力不比立法委員，因此本書以一九九二年作爲分界。
5. 此制度一直實行至二〇〇八年，由單一選區兩票制取代。

一九九四年——中央的機會。國民黨席次大幅流失（百分之七十七下降到百分之六十四），台籍人士當選比例大增。

《公職人員選舉罷免法》修正案經立法院三讀通過，取消各級民意代表的最低學歷限制。

一九九五年——三月，實施治平專案。

一九九六年——三月，台灣第一次總統直選。總統為李登輝，副總統連戰。

十一月，劉邦友血案、彭婉如命案。

一九九七年——治平專案逮捕的黑道陸續被釋放，其中多人開始投入選舉。

四月，白曉燕命案。台灣在兩年內接連發生劉、彭、白三大命案，治安敗壞引起全國民眾的不滿，多名執政官員引咎辭職。

小辭典 一九九二年第二屆立法委員選舉

一九四八年，中華民國舉行行憲之後的第一次立法委員選舉，卻在一九五〇年因為國共內戰失利遷往台灣。政府想等待「光復大陸」後再選舉第二屆立委，因此停止立委改選，第一屆立委變成了終身職，也就是大家所說的「萬年國會」。但是，面臨老立委去世造成的人數不足和民意壓力，政府在一九六九年透過「增補選」，產生十一名終身職的新立委。到了一九七二年，政府修改《動員戡亂臨時條款》，選出三年一任、定期改選的「增額」立法委員，和其他終身職的第一屆立委一起行使職權。在每次選舉都只改選部分立委的情況下，國民黨便能一直擁有國會多數的執政優勢。到了一九九〇年代，政府因應民意要求，依據《憲法增修條文》全面改選立委，也就是第二屆立委。

參考資料

①陳柏良（二〇一八）。抽刀斷水水更流：政治侍從主義的起落（中篇）。（二〇二一年七月三十一日檢索）。
②陳柏良（二〇一八）。抽刀斷水水更流：政治侍從主義的起落（下篇）。（二〇二一年七月三十日檢索）。
③趙永茂、黃瓊文，〈台灣威權體制轉型前後農會派系特質變遷之研究——雲林縣水林鄉農會一九七〇及一九九〇年代爲例之比較分析〉，《政治科學論叢》第十三期（二〇〇〇，台北），頁一六五～二〇〇。
④吳重禮，〈SNTV的省思——弊端肇因或是代罪羔羊？〉，《問題與研究》第四十一卷第三期（二〇〇二，台北），頁四五～六〇。
⑤徐永明、陳鴻章，〈黨內派系競爭與政黨選舉命運——以民進黨爲例〉，《政治科學論叢》第三十一期（二〇〇七，台北），頁一二九～一七四。
⑥立法院簡史。（二〇二一年八月二十四日檢索）。

時代背景二：一九九二，黑金浮上檯面

莊岳燊

一九九二年時的台灣，是什麼樣子呢？

這一年，行政院調整過後的基本工資是每小時五十一元五角，中華職棒才不過成立三年，大部分的家庭雖然已經擁有電視，卻幾乎都是外型笨重的「映像管」電視。除非你加裝了當時還是非法的「第四台」，否則不管怎麼轉台都只有台視、中視和華視可以看。即使如此，在網路技術還不發達的情況下，電視仍然是許多人接收訊息的主要管道。

就在同一年，台灣舉行了第一次的立法委員全面改選。這一年之前，政府以大陸淪陷無法改選為理由，牢牢掌握中央層級的民意代表席次。由於立法委員對行政院有強大的制衡能力，並負責審查金額龐大的年度預算，關係著國家整體發展，重要性因此不言而喻。這一場大選中，一共有四百多位候選人角逐一百六十一個立委席次，在如此激烈的競爭下，不同黨派的候選人為了推銷自己，都把腦筋動到了電視廣告時段上。一九九二年十二月十八日，立委選舉投票前夕的傍晚時分，坐在電視機前的一家人會看到，國民黨在廣告中播放民進黨人士在街頭縱火燒車、痛打一旁路人的鏡頭，加上民進黨議員在議會對其他議員拳打腳踢的畫面，配上「誰在建設？誰在破壞？」的字幕。接著，他們會看到民進黨製作的影片，描述民進黨執政的宜蘭縣各種令人驚嘆的政績、國民黨郝柏村內閣的無能、還強調國民黨立委候選人一當選就會開始炒地皮。

隔天的投票結果，民進黨得票率創新高，國民黨雖然取得一百六十一席立委中過半數的九十五席，媒體卻不約而同的以「國民黨重大挫敗，民進黨勝利」來形容。反對黨進入國會，象徵著過去國民黨一黨獨大的局面受到挑戰，政府的施政和預算運用被更嚴格的監督。除此之外，中央層級選舉的開放，讓基層實力雄厚的地方政治勢力，有了進軍國會的機會。但當我們仔細研究這些新科立委們的經歷和背景，卻會得到出人意料的結果——沒有政治經驗、形象不佳、學歷低下、甚至出身黑道，讓人不禁懷疑，他們到底是怎麼選上的？

就拿雲林立委林明義來說，這位擁有黑道背景，承認自己「幾乎是文盲」的立委成名作，竟然是從自己家鄉號召一大群「兄弟」北上聲援同黨的立委韓國瑜，並和民進黨支持者大打出手。和他一起進入立法院的，還有來自屏東的郭廷才，他不斷鼓吹農會及農民可以自由買賣土地，解除「農地農有」限制，藉此打開炒作土地的大門。結果，林明義因為涉入開發弊案被求刑四年，郭廷才則掏空東港信用合作社二十三億元，放到自己口袋中……。

一九九二年選舉，當時的人們流傳著一句玩笑話，說國民黨參加立委選舉叫做「繳存摺」，為什麼要交存摺呢？因為如果候選人銀行存款沒有八個零，就沒有參選資格。透過白花花的銀子來競選，這些沒有立法專業，來自地方的大哥、派系頭人，得以大搖大擺的走入議場，藉著職權繼續滾出更多財產。對國民黨來說，內有黨中央權力鬥爭，外有民進黨挑戰，雖然這些出身地方派系的候選人帶著負面標籤，但在勝選壓力下，只能更加依賴他們。在這一年之後，更多依恃黑道暴力、鉅額資金買票的候選人們，一個一個的高票當選，立法院也被越來越多人稱為「黑金殿堂」。

回到這些候選人的故鄉，被他們視為生財金雞母的砂石產業，繼續日夜不間斷的從河裡挖出一卡車又一卡車的沙土。為了更快把砂石運出去，業者不惜買通警察，違法超載，因為搶快而肇事連連的砂石車不斷撞死人。一九九二年，憤怒的民眾圍堵砂石車，不准他們進入高雄的燕巢鄉——在這裡，每年至少有二十個鄉民被砂石車撞死。燕巢鄉民的抗議行動，促使交通部宣布全面取締砂石超載，沒想到，台中的砂石運輸業者竟然以停駛砂石車的手段，讓砂石價格上漲，藉此要脅政府。更諷刺的是，砂石業的背後老闆，不管是透過買票賄選、或是暴力威嚇，還是在這一年之後，順利的選上或連任，其中包括兩年後的彰化縣副議長，因為砂石糾紛而直接開槍殺人的粘仲仁。當然，一九九二年，人們仍然發瘋似的熱衷六合彩賭博，色情產業的市場絲毫沒有衰弱的跡象，非法電視頻道裡的節目越來越多……不用說，這些產業的大老闆們，有許多也同時爭取著進入候選人的提名名單。

這一年的立委選舉，固然是台灣邁向民主社會的一大進步，然而，人們同時驚訝的發現，那些理應在國會代表自己意志發聲的立委諸公，竟然有那麼多黑道、賄選、違法產業的代言人。在眾多鎂光燈的注目之下，過去盤據於地方的黑金結構，全部浮上了檯面。而這本書的作用，就是透過四個章節的五十個關鍵字，一一解釋、重現地方政治的面貌。在第一章，我們列出了選舉時最重要的各種組織，分析他們如何提供候選人競選資金，並在投票日挹注大量選票相挺。進入第二章，你將從選前準備開始，完整的走一遭競選流程，見識過去的人們如何透過千奇百怪、合法和非法的手段贏得選舉，並為下一個任期鋪路。緊接著第三章，七個關鍵字說明了政治人物怎麼營造出優質、勤政的形象，博取鄉親支持。而在最後一章，我們詳細分析了獲得政治權力，到底能得到什麼好處，讓人們前仆後繼的投入選舉，或者巴結有權有勢的官員、議員。其中，一些關鍵字所討論的現象，早已在台灣政治中絕跡，而也有些，繼續頑固的存在於我們的日常生活中。

說了這麼多，接下來，就讓我們一頁一頁的揭開，這些獨屬於台灣的地方政治故事吧。

參考資料

①鍾雲蘭，〈競選廣告壓軸戲 兩黨最後較勁〉，《聯合報》，一九九二年十二月十九日，第六版。
②吳音寧，〈世紀末農地大清倉〉，《江湖在哪裡？台灣農業觀察》（新北：印刻，二〇〇七），頁三二六～三六一。
③邱英明，〈超載、超速 每年多人慘死輪下 鄉民不准砂石車進入燕巢鄉〉，《聯合晚報》，一九九二年一月一日，第十版。

善良人佇扛轎

成立於一九八九年的「濁水溪公社」1，是台灣最具代表性的搖滾樂團之一。他們的歌詞觸及政治、環境議題，唱出底層民眾的心聲，而現場演出時各種瘋狂甚至失控的表演手法，更標誌了他們在台灣獨立音樂界的特殊地位。

在「濁水溪公社」的台語歌曲〈鬼扮仙〉中是這麼唱的：「正手擛香，左手摸奶，善良人佇扛轎」2，翻成華語是「右手拿香，左手摸奶，善良的人在扛轎」，意思是說那些胡作非為的人表面上裝出一付正派的樣子，而老百姓則被愚弄，消費，甚至在選舉時為他們助選、拉票而不自知。

想在台灣的地方選戰中勝出，來自各種團體的選票絕對是不可少的。這些負責扛轎的地方組織，究竟是如何在選舉過程中出錢出力，成為每個候選人都想極力爭取的勝利保證？讓我們在這一章一探究竟吧！

---

1. 濁水溪公社已於二〇二〇年，即樂團成立三十週年時解散。
2. 台文及音讀爲：「Tsiànn-tshiú giah hiunn, tò-tshiú bong ne, siān-liông-lâng teh kng-kiō.」

地方派系

曾沅芷

每次選舉一到，就會聽到新聞和政論節目大談政治，其中有個詞彙很常見：地方派系。可是到底什麼是地方派系，地方派系又對選舉有什麼影響力呢？若你住在台北市，大概會感到一頭霧水，難以想像地方派系實質上要怎麼影響選舉或政治。你可能會覺得，決定選舉勝負的因素，不就是候選人的政策、藍綠政黨傾向、或是統獨、左右等意識形態光譜嗎？

事實上，在台北市以外的地方，地方派系對選舉的影響相當大。有人的地方就有江湖，所謂派系其實就是一種「誰跟誰好」的小團體，彼此相好的原因可能是同宗族、同村莊、同學校、同職業、姻親關係……等等各種把人際網絡串聯在一起的因素，也有可能是出於共同利益的結盟關係。人際上的相好，在選舉時就變成了票倉跟資源互相流通的網絡，團結把代表派系利益的候選人送上大位。

一旦候選人選上政府首長或民意代表，就可以利用手上的權力，將政治資源回饋給地方派系，或是接受地方派系的關說，「喬」出有利地方派系的政策跟法案。一個利益共生的循環就這樣形成了：地方派系想方設法、運用手上資源推候選人上位，並藉由選舉勝利換來更多的資源——這就是地方派系典型的運作模式。

將人群結合形成地方派系的因素，是人際關係和共同利益，通常與意識形態、政策傾向無關。而地方派系雖然有政黨傾向，但一個政黨在同一個地方可能會有兩個以上的派系相互爭奪資源，有時候派系甚至會因為敵對派系得勢，而與原本附庸的政黨翻臉，選舉改投另一個政黨，就為了制衡敵對派系。其中最經典的例子就是一九九七年的台中縣長選舉，國民黨底下的兩大台中縣派系：紅派與黑派各自派人出來選舉，雙方僵持不下，互相瓜分了台中縣的藍軍票源，結果讓本來應該屈居少數的民進黨籍候選人廖永來漁翁得利，成為史上唯一一位民進黨籍的台中縣長。

地方派系之間的爭鬥，就是這麼你死我活，而這也是中國國民黨在台灣實施地方自治以來，長期操控跟分化地方的結果。對於身為台灣外來政權的國民黨來說，它需要控制各地的自治狀況，才能鞏固它在台灣的政權。而最符合其利益的狀況，就是每個縣市、鄉鎮選出來的首長或代表都和國民黨合作。一旦候選人或某個地方派系自恃勢力龐大，可以不理會國民黨的指示，那麼國民黨在該地的影響力就會受到動搖。因此，國民黨才會同時扶植兩個以上的派系，讓派系之間彼此為了爭奪國民黨提供的資源削弱彼此，誰也無法自立，這樣每個地方派系都會更加依賴國民黨。

一九八六年民進黨成立，一九八七年台灣解嚴，開放黨禁與報禁，隨著政治變得更為自由開放，原本只能依附國民黨的地方派系也開始有了新的策略可玩。國民黨在地方選舉中若是偏向某一派，另一派系就可能採取消極輔選策略，甚至是向新興的民進黨靠攏、合作，導致一九八〇到一九九〇年代的地方選舉，常有國民黨需要安撫地方派系情緒的事情發生，有時也因此導致選戰失利。地方派系與國民黨之間的關係，也就從單純「恩庇侍從主義」的上對下關係，演變成複雜的利益交換與角力。隨著時間推進，國民黨在地方選舉中，越來越常反過來受到地方派系的牽制。另外，民進黨也在歷次勝選跟執政下，兼併原本依附國民黨的派系，甚至發展出屬於民進黨政治人物的派系。

政黨會失勢，但地方派系的勢力卻往往發展得盤根錯節、根深蒂固，滲透進社會的各個角落。許多民間團體如婦女會、宗親會、警友會等，都可以看到地方派系頭人經營的身影；除此之外，像農會、漁會、農田水利會（二〇一八年起改制為公務機關）等民間自治組織，都是地方派系角逐的場域。這些自治組織跟團體，不僅是地方人脈匯集之地，更是選舉時的金脈來源。為此，地方派系為了爭奪農會等組織的控制權，經常互殺得刀刀見骨，不只有「人頭會員」、「嬰兒會員」、「死人候選人」等各種選舉手段，甚至鬧出人命也不足為奇。

說到這裡，你應該可以了解到地方派系對地方政治的影響力有多麼強大，各個政黨為求勝選執政，又為何不敢輕視他們了吧。

小辭典　台中紅派、黑派

指的是台中縣兩大地方派系，據說是以選舉文宣的字體顏色爲區別而得名。紅派與黑派都是親國民黨的地方派系，但彼此的選舉競爭相當激烈，雙方關係會惡化到不相往來、不相嫁娶。一九九七年的台中縣長選舉是紅黑兩派對決的高峰，也因此將該屆縣長拱手讓給民進黨候選人廖永來，此後紅黑兩派逐漸從競爭轉向競合關係，願意輪流執政以避免民進黨漁翁得利的狀況再度發生。紅派代表人物有前立法院長劉松藩、前台中縣長廖了以，黑派代表人物有前立法委員顏清標。

相關關鍵字頁面——**婦聯會／婦女會**(51)、**農會**(56)、**漁會**(60)、**農田水利會**(64)、**警友會**(80)、**宗親會**(84)

民眾服務社

莊岳燊

一九九四年十一月六號中國時報中彰投地方新聞的一個小角落，刊載了一篇夫妻離婚的新聞：

溪湖鎮一名男子，因為沈迷六合彩，並且負了一屁股債，使太太無法忍受，五日到民眾服務社要求辦理離婚手續，結果被主任施興隆認出男方是其小學同學，立即為兩人調解，並勸導他不要再玩六合彩。

這位熱心的民眾服務社施主任，不但成功使這對夫妻暫時打消離婚念頭，還留下了對方的地址與電話，願意持續督促這位好賭成性的先生改掉壞習慣，直到他們真的不離婚為止。不過，你可能會好奇，辦理離婚，不是應該要到戶政事務所嗎？這個「民眾服務社」究竟是什麼機構呢？

顧名思義，民眾服務社的宗旨，就是解決民眾的困擾、服務民眾。目前台灣總共有三百八十三個民眾服務社，分布在全台灣的區、鄉、鎮公所內。民眾服務社的具體業務可以分成幾個大類：醫療服務、育樂服務（舉辦各式課程、活動、聯誼）、獎助學金、低收入戶救濟等，有些地區的民眾服務社還會提供法律諮詢，甚至還設有勞工服務中心。面對大眾各式各樣的需求，民眾服務社幾乎都有求必應，也難怪這對夫妻會跑去申請離婚了。

但是，民眾服務社提供的諮詢、救濟幾乎都不會跟老百姓收取費用，那麼，這麼一大筆經費是從哪裡來的呢？

在台灣社會普遍還沒有太多社福團體成立時，企業、個人或各類機關會捐款給民眾服務社使用，各地縣市政府、鄉鎮市公所也會編列預算撥款給民眾服務社。奇怪的是，一九六八年台灣省政府主計處委員會議紀錄中，記載了一段關於民眾服務社經費的決議：

> 又本省第六屆縣市長選舉揭曉後，**高雄市、台中市、新竹縣，政治環境轉變**，原列各該縣市政府負擔之補助費計高雄市八十四萬兩千九百二十八元，台中市七十四萬五千兩百七十元，新竹縣六十九萬一千五百二十四元，連同陽明山管理局改制前原負擔之二十五萬四千一百九十六元，合計兩百五十三萬三千九百一十八元，需改由本府（台灣省政府）負擔。

在這次縣市長選舉中，國民黨失去了高雄市、台中市、新竹縣執政權，民眾服務社失去補助，因此改由省政府補足缺額。為什麼只有在國民黨執政的縣市，才會為民眾服務社編列經費呢？這個問題，可以從一九五一年，最早紀錄民眾服務社的文件中找出解答：

（民眾服務社，當時叫做民眾服務站）推行民眾服務工作，應透過小組，藉使與黨的基層組織密切配合。

這段文字來自〈中國國民黨黨員推行民眾服務工作實施綱要〉，文字中的黨，指的也就是中國國民黨。其實，民眾服務社是由國民黨一手成立的團體。國民黨為了減少黨內經費的支出，把部分民眾服務社需要的錢轉嫁給地方政府。這就是為什麼，當國民黨失去執政權，民眾服務社也沒辦法從縣市政府拿到錢了。

國民黨創立民眾服務社的目的，是為了讓民眾在受到服務後，增加對國民黨的好感，進而提升得票率。這樣一來，國民黨籍的候選人，就可以在選舉時減少競選經費。民眾服務社的人員，就是國民黨的黨工，每逢選舉，民眾服務社需要肩負輔選、後援會成立的工作，而民眾服務社的黨工，則負責在當地買票，確保國民黨勝選。這些幫助國民黨取得政權的各類手段，到頭來，竟然有一部分的錢是從納稅民眾的口袋中拿來的。

二〇一六年，主掌戒嚴時期台灣各個政黨黨產調查和處置的「不當黨產委員會」成立後，「民眾服務社是不是國民黨附隨組織」的調查也隨即開始。同時，全台各地的民眾服務社，仍然維持運作，繼續提供各類服務。在了解民眾服務社的本質後，下次當你在路上看到「民眾服務社」和國民黨地方黨部的招牌放在一起的時候，或許就不會覺得疑惑了。

參考資料

① 楊秀員，〈六合彩 險又毀個家 丈夫沈迷太太求去 辦離婚巧遇同學勸解〉，《中國時報》，一九九四年十一月六日，第十六版。

② 民法親屬編第一〇五〇條：「兩願離婚，應以書面爲之，有二人以上證人之簽名並應向戶政機關爲離婚之登記」。

③ 謝莉慧（二〇一八）。黨產會：百分之六十五民服社和國民黨部同址 經費全來自國民黨。（二〇二一年三月二十九日檢索）。

④ 稅素芃，〈民衆服務社〉，《中國時報》，一九八七年十月十五日，第十二版。

⑤ 不當黨產處理委員會（二〇一八年一月二十四日）。中華民國民衆服務總社是否爲社團法人中國國民黨之附隨組織調查報告。（二〇二一年三月二十九日檢索）

相關關鍵字頁面——**選舉六合彩**(134)

婦聯會／婦女會

曾沅芷

一九九三年的夏天，一場珠光寶氣的聚會，集結了全苗栗縣各鄉鎮市的首長夫人，她們為何而來？原來她們是受到苗栗縣婦聯分會主委葉春芽的邀請，參加婦聯會的聚會。這麼多的官夫人集結於此，想必有受到高級的款待。

不只有精緻的餐點，聚會結束後，每個人還拿到禮物，分別是一床被套跟……一兩重的金元寶！作為參加聚會的禮物，金元寶也未免太貴重了吧？婦聯會竟然有如此好康？究竟是怎麼回事呢？

原來，苗栗縣婦聯分會主委葉春芽，不是一個普通女性而已，她正是當時苗栗縣長張秋華的妻子！她以縣長夫人暨婦聯分會主委的身分，宴請了縣內鄉鎮市長夫人，還送她們每人一兩金元寶，實在讓人很難不聯想到，這會不會跟張秋華競選縣長連任有關？正好，葉春芽還在會上致詞特別強調，請大家多多支持張縣長連任呢。

這起事件在國民黨內掀起了巨大的風波，讓同黨爭取苗栗縣長提名的另一位候選人何智輝非常憤慨，要求國民黨中央考紀會調查葉春芽的行為，並在調查屬實之後撤銷張秋華的提名。因為送金元寶實在太過誇張，讓人無法不聯想到賄選，國民黨中央也決定要調查這起案件。

張秋華跟葉春芽夫婦則大力喊冤，葉春芽表示她只有送大家床被套，金元寶什麼的，完全是婦聯會幹部的安排，她作為主委非常無辜，毫不知情。至於年底的縣長選舉，更跟這場聚會與金元寶一點關係也沒有，大家只是聚個會、吃個飯、聊聊天，沒有什麼派系，更沒有什麼選舉跟恩怨。葉春芽表示這一切都是婦女社團的「內部運作」，請大家不要泛政治化，而她將會率領全縣婦女同胞，組成「婦女反賄選聯盟」，帶頭淨化選風。

葉春芽的辯駁有沒有效果呢？從事後結果看來，不管是金元寶還是「婦女反賄選聯盟」都沒什麼用。國民黨還是提名了張秋華競選苗栗縣長，但他連任失敗，輸給了脫黨參選的何智輝。

從名稱上，婦聯會跟婦女會看起來就像女人專屬的一般社團，但事實上沒那麼單純，這類社團通常不只討論婦女福利議題，更是女性政治人物跟官夫人的集散地，掌握各地婦聯會、婦女會的也幾乎是這類人士，而且多半是中國國民黨籍。儘管婦聯會並不承認與國民黨之間的附隨關係，但國民黨出版的《中國國民黨黨務發展史料：婦女工作》一書中，自行承認了婦聯會的前身「中國婦女反共抗俄聯合會」就是依國民黨的指示組織而成。

婦聯會與國民黨的深厚關聯，讓婦聯會得以透過國民黨的統治，用「勞軍捐」等民間捐款名目擴充財產。像是在一九五六年，為了解決外省官兵眷屬住房問題，宋美齡就指示婦聯會發動民間捐款興建軍眷住宅，並捐贈給國防部。這些民間捐款是怎麼來的呢？其一，是讓公營事業「認捐」數萬到數十萬不等的金額，第二種是透過全台電影院的門票「附捐」，也就是只要購買電影票，就會有一部分收入交給婦聯會運用，其三則是最重要的收入來源：讓各地進出口公會「自行發起」勞軍捐款：從一九五五年到一九八一年，每次進口結匯一美元，就必須徵收五角的勞軍捐，之後比例逐年下滑，陸續降到三角、兩角、一角，最後在工商界的抗議下，到一九八九年七月方停止徵收。勞軍捐並不是法定稅捐，無從監督，只能說是一種民間的不樂之捐，在黨國威權時代「被自願」的捐款。能夠拿到這麼多的民間捐款，婦聯會可說是神通廣大，究竟她們又是如何使用這筆龐大的捐款？至今依然是一個待解之謎。

婦聯會與國民黨的關係既然如此深厚，自然也就免不了被捲入選舉之中，張秋華跟葉春芽的故事，只是婦聯會的冰山一角，各地婦聯會或婦女會內部，經常有這種假社團活動之名，行選舉賄賂之實的情事。比方說，婦女會用各種名義請會員吃飯，或贈送毛巾、香皂、蛋糕等各類禮物，通常是由各個候選人與其樁腳所為，用以拉攏選票。這類活動是風險較低的賄賂方式，因為通常很難追查到候選人身上，證明其罪責。

中壢婦女會就曾發生過一起賄選案件。一九九六年，一位競選國大代表的候選人陳吉三，因為賄選的關係，而被判決當選無效，取消國大代表資格，並被判處徒刑。他的賄選方式之一，就是透過中壢婦女會的幹部來賄賂他人。這件事還導致中壢婦女會的理事長，同時也兼任台灣省議員的鄭金玲被牽扯進去。

案件爆發後，鄭金玲帶著中壢婦女會的名冊與會內帳目前往桃園地檢署說明，證明中壢婦女會與此案無關，所謂賄選，純屬該幹部個人行為，婦女會無法管制，更不是主導者。鄭金玲還說，當時的國大代表選舉正好碰上總統大選，中壢婦女會支持國民黨提名的李登輝，但對國大代表選舉就沒有特定支持的人選，所以並不會幫陳吉三賄選。檢方只跟鄭金玲談了三十分鐘，就將她飭回，而涉及賄選的中壢市婦女會理事鄒沈綿、李淑芬等人，則被判處八到十個月不等的刑期，並沒收查扣的款項。

從上述的故事來看，儘管婦聯會、婦女會常常宣稱自己只是單純關心婦女權益的社團，但實際上的運作卻非常政治化。理事長、主委若非官夫人就是政治人物，會員也常是地方上有頭有臉的女性。婦聯會與婦女會即使不從事非法的賄選，因為其社團組成掌握了眾多地方人脈，仍是一個選區的重要大樁腳。也就是說，若談到地方派系、政治運作，婦聯會、婦女會所發揮的影響力，可不能輕忽了。

參考資料

① 羅承宗，《黨產解密：小豬撲滿對決黨產大野狼的不公平競爭》（台北市：雨蒼，二〇一一），頁九十三～一〇一。

② 孫友廉，〈涉賄選 前國代陳吉三判一年〉，《中華日報》，二〇〇一年二月二十一日，第八版。

③ 鄭滄杰，〈中壢婦女會疑替陳吉三賄選 檢方展開約談 理事長鄭金玲：純屬幹部個人行爲〉，《中國時報》，一九九六年四月十二日，第十六版。

④ 〈「送禮」開始了「樁腳」有搞頭 端正選風？法界人士置疑！〉，《聯合報》，一九八九年六月二十二日，第三版。

⑤ 嚴智競，〈金元寶疑案 李宗仁：茲事體大 考紀會明天將處理 張秋華夫人：只送被套竟扯上輔選〉，《聯合晚報》，一九九三年八月二十九日，第三版。

⑥ 黃玉振，〈《十四全選舉賄選案》國民黨中央要辦賄選案 要求郭金生、劉孟昌書面答辯 積極蒐集人證〉，《聯合報》，一九九三年八月三十一日，第四版。

⑦ 何來美、黃敏中，〈金元寶風波 張秋華夫婦澄清 張：婦聯會無涉選舉 葉春芽要成立反賄選聯盟〉，《聯合報》，一九九三年八月三十一日，第四版。

相關關鍵字頁面——**樁腳**(125)、**賄選**(129)

農會

曾沅芷

所謂農會，是一種具有農民互助與自治性質的農民社團，雖然作為民間社團，但組織章程卻受到《農會法》的規範，是台灣特有的職業法人組織團體。顧名思義，農會管理的是農民事務，但實際上的農會運作，卻常常與政治、選舉牽扯不清。

台灣在日本時代，就出現了農會組織，到了一九〇八年，台灣總督府頒布《台灣農會規則》、《台灣農會規則施行細則》，開始介入民間的農會組織發展，並在各地成立農會。日本時代的農會主要處理農產品、農具的販售、購買等事務，到了第二次世界大戰末期的一九四三年，總督府頒布《台灣農業會令》，把產業組合、畜產會、青菜同業組合、肥料組合、農機具製造會社等組織全部併入農會系統，並建立台灣農業會、州廳農業會、市街庄農業會的三級體系，使農會的功能更為齊全，有利於日本在戰爭期間進行物資統一管制。

戰後中華民國來台，起初先把既有農會體系分為農會和合作社兩部分，然而兩者有許多業務高度重疊，財產劃分不明，於是在一九四九年又將兩者合併為農會。農會法在經過多次修法後，建立起了以農民會員為主的會員制度，也確立農會在信用、供銷、推廣跟保險方面的業務，讓農會組織在政治、教育、經濟多個面相上，都具有一定的重要性。依據《農會法》規定，每個農會都擁有獨立的議事機構與執行機構，自治、議事方面由各區農會會員選舉出農會代表，再由農會代表選舉出農會理事、監事等幹部，總幹事則擔任行政主管，經由理事會決議執行農會任務，向理事會負責。

理論上，農會掌管的是農民、農產相關的事務，但因為農會同時具有信用部的「金脈」功能，又掌握了會員名冊的「人脈」，使得農會成為地方派系為了掌握選舉優勢的兵家必爭之地。只要能夠掌握農會裡的職位，就可以方便地運用農會資源協助地方派系進行選舉，不僅可以藉由農會的信用部功能貸款獲得資金，更能夠將農會成員當成選舉樁腳使用，深入動員當地農民家庭的選票。

台灣多數鄉鎮區都有農會，和漁會等組織相比，農會人數多、規模更大，對選舉的影響力也就更高。因此，儘管農會只是民間法人組織，並非政府單位，但豐厚的人力、財力資源，使農會選舉成為地方派系爭戰的場域。不過各個鄉鎮區農會的狀況略有不同，有些農會因為務農人口多而比較有錢，有些農會則沒那麼多資金，甚至因為信用狀況不良，而被合併到隔壁地區的農會。在競爭較為激烈的鄉鎮區農會中，各派系為了爭奪農會代表跟農會理事的職位，所使出的渾身解數，有時候不下於民意代表和地方首長的選舉。

農會選舉的其中一種「奧步」，就是塞人頭會員進到農會。要成為農會會員，要在名下擁有農業用地，才有資格申請。不過，這種限制對於想方設法鑽漏洞的人來說不算什麼障礙。舉例來說，我可以先買下一塊價格便宜的山坡地，再把它分割成好幾小塊，分別由好幾個人頭會員們持有，這樣一來，他們就都「符合」農會會員資格了。遇到這種情況，負責稽查的農會基層幹部應該要嚴格查處，但事實上，能這樣「變」出人頭會員的人，大部分都是掌握農會權力的地方派系要角，基層幹部根本不敢嚴查，只能放行。

地方派系拼命將自己的人馬安插進農會，使得農會選舉有時候比選議員還要激烈。一九九七年初全國農會選舉前，彰化縣芳苑鄉的地方派系分成兩派爭奪農會代表，雙方各自找來黑社會份子助陣，彼此出招以電話恐嚇、當面嗆聲，屢屢發生槍擊事件，甚至在同年一月三十一日引爆了震驚全台的「芳苑活埋案」。這起事件始於候選人林媽賞一派的助選員鄭明赫，他在三合村拜票時，與另一位候選人陳諸讚的人馬發生衝突。陳諸讚這一方打電話叫來人手，綁架了鄭明赫，將他痛毆、勒昏到失去意識後，活埋在芳苑鄉的農田附近悶死。地方派系不惜結合黑道追求勝選，農會組織所代表的豐厚利益可見一班。

那麼，地方派系是如何濫用農會資源的呢？比方說農會超貸，就是一個常見的農會弊端。一般來說，只有農會會員有資格向農會貸款，也有貸款金額的上限，但卻有許多有心人士，利用漏洞超額貸款，掏空農會資金。舉例來說，過去就曾有非農會會員找上人頭會員幫忙貸款，然後請認識的農會幹部幫忙指示或施壓信用部，將荒地或低價農地估出離譜的高價，進而貸到上億的資金，造成農會跟銀行的呆帳。除此之外，要從農會貸款、貸多少錢，最終的決定權都掌握在總幹事手上，因此只要跟農會的總幹事或代表「有關係」，這些不當的金融犯罪就有可能「沒關係」。

現在，你也能理解為什麼地方派系要汲汲營營介入農會經營了：只要每次選舉都順利，這些罪行跟弊端就可以持續下去，派系得以中飽私囊，並為下一次選舉鋪路。

參考資料

① 楊政俊（二〇〇五）。農會超貸案 林敏霖兄弟判刑。（二〇二一年三月四日檢索）。

② 魯永明（二〇二〇）。嘉義市副議長鹿草農會超貸起訴 農會：目前還款正常。（二〇二一年三月四日檢索）。

③ 胡忠一，〈台灣農會發展史〉，《檔案半年刊》第十三卷第一期（二〇一四，新北），頁二〇～三三。

④ 丁文郁，〈從農會法修法論台灣農會組織與制度之變革〉，《農民組織學刊》第二十期（二〇一六，台北），頁一～三四。

相關關鍵字頁面——**地方派系**(44)、**人頭會員**(68)、**農會超貸**(72)、**信用合作社**(76)、**黑道**(102)

善良人佇扛轎

漁會

曾沅芷

人死不能復生，但卻可以當選漁會小組長？你沒聽錯，這麼荒謬的事，就發生在一九八九年的花蓮區漁會第九屆會員代表與漁事小組長選舉中。一位叫潘政良的男子，雖死猶生，人過世了一年多，卻仍然拿了二十六票，在同額競選的選舉中當選第八小組長。

奇特的是，潘政良其實早就不是漁民了，他在一九七九年就改行當貨車助手，已經快十年沒出海，這樣竟然也還有漁會會籍。至於他不幸生病住院，從醫院五樓墜樓身亡的一年多後，還被選上花蓮區漁會的小組長，更是讓人摸不著頭緒。他的母親表示，根本就不知道潘政良還有漁會會籍，這次選舉也沒有人通知她過世的兒子要「參選」的事情，簡直不可思議。

到底是怎麼選的？怎麼會把死人列為候選人？這可以說是一樁怪談疑案了，老實說，我們也不清楚背後有什麼陰謀，或是從頭到尾如同漁會工作人員所說，就是鬧烏龍而已。不過漁會選舉不是小學生選選班長的等級，程序可是跟民意代表選舉一樣嚴謹，需要經過候選人申請登記、資格審查、公告、造列候選人名冊等層層手續。潘政良身為過世一年多的亡者，竟然沒有從這層層階段中被審核出來，可見這椿烏龍有多大啊！讓人不免懷疑，會不會是有心人想做什麼利用？

就如前面所說，漁會作為漁民的自治組織，與農會的性質相當類似。不過因為漁民人數少於農民，漁會的組織規模相對於農會比較小，而且也不是每個鄉鎮區都有漁業活動，漁會的數目自然也遠少於農會。相對來說，漁會對地方選舉的影響通常是比較小的。

但這並不代表漁會選舉能就此風平浪靜，免於被地方派系介入滲透。首先，漁會跟農會一樣有信用部，而且金流往往能自給自足，再者，漁會雖然不比農會，仍是具有一定規模的組織。憑著漁會資產充足的信用部，和選舉時強大的動員能力，地方派系就有足夠動機，想方設法的將人馬安插進漁會之中。因此，像是在農會選舉使用的人頭會員等奧步，常常也會出現在漁會選舉當中。

農會會員必須擁有農地才能加入農會，那麼漁會會員的資格限制是什麼呢？那就是必須有「從事漁業」的事實。但是什麼叫做從事漁業？其實台灣過去對從事漁業的認定範圍相當寬鬆，只要一個人出海一天或數小時，取得出港證明之後，他就可以聲稱自己是漁民了。只要這人年滿二十歲，或是年滿十五歲而有代理人允許，就可以加入漁會。

這麼寬鬆的認定方法，造成漁會中的假漁民會員橫行，地方派系可以輕易地塞進大量假漁民，當作漁會的人頭投票部隊，也就導致漁會容易淪為地方派系的選舉工具，未能發揮真正幫助漁民的功能了。為了修正這種狀況，農委會在二〇〇四年依據漁會法第十五條規定，訂定了「區漁會會員資格審查及認定辦法」，規定從事實際漁業勞動時間至少要超過三個月以上，才有資格申請成為漁會會員，希望能稍微遏止派系塞人頭會員的歪風。

台灣漁會的選舉競爭，幾乎跟農會選戰一樣激烈，派系雙方往往互不相讓，甚至動輒暴力相向，導致警方必須在投票日派出警力坐鎮選舉。一九八五年的宜蘭頭城區漁會選舉，就曾經發生一起恐怖的案件，頭城區漁會理事長鄭金木的哥哥鄭金英，人好好地坐在家中，突然就被歹徒闖入潑毒液攻擊，造成他臉部、背部灼傷。警方認為，鄭金英應該是倒楣被認作弟弟鄭金木，才會遭到攻擊。

那為什麼有人要潑酸攻擊鄭金木呢？在那年的漁會選舉中，身為理事長的鄭金木大力支持林水龍參選下一屆理事長，林水龍一派也展現強烈的企圖心，選上了三十一席的漁民代表，局勢大好。鄭金木等人的成功或許因此引起另一派對手的嫉妒，才招來這場無妄之災。

無論是漁會，還是農會，它們當初成立的立意都是良善的，都是為了幫助區域的農漁業從業者推廣農漁產品、強化生產技術，進而改善他們的生活。然而，用來嘉惠農漁民的信用部，卻在地方派系干涉下，成為任意提領的金山銀山，長期濫用造成國家基層金融的虧損。農漁會的自治選舉制度，更成為地方選舉的前哨戰，各個派系為了擴張在地方上的勢力範圍，彼此拚得你死我活，甚至無端牽累無辜的受害者。值得高興的是，來到二〇二一年，雖然電視台偶而仍會傳出漁會改選時派系相爭，需要警方維持秩序的新聞，但漁會信用部的經營體質已經逐漸改善，在放款品質良好的情況下，漁民的生活也能更有保障。

小辭典　同額競選

指的是候選人數與應選人數相等的選舉，比方說選舉市長應選出一位，卻只有一位候選人參加選舉，就是同額競選。在沒有其他競爭者的狀況下，同額競選可說是「參選即勝選」的選舉。

參考資料

① 〈漁會缺失知多少 派系對峙最嚴重〉，《聯合報》，一九八八年三月二十日，第十六版。

② 〈頭城漁會理事長之兄 遭蒙面客潑毒灼傷〉，《聯合報》，一九八五年三月十八日，第五版。

③ 田德財、李中弟，〈漁會選舉奇譚 死人高票當選 臨時雇員說是他作業疏失〉，《聯合晚報》，一九八九年三月十六日，第九版。

④ 田德財、李中弟，〈人死年餘 當選小組長 層層審核順利過關 縣長要查行政責任〉，《聯合報》，一九八九年三月十六日，第七版。

⑤ 農委會（二〇〇四年三月五日）。〈新修正區漁會會員資格審查及認定辦法 保障該辦法發布實施前已加入漁會甲類會員權益〉。（二〇二一年三月十六日檢索）。

相關關鍵字頁面——**人頭會員**（68）

農田水利會

曾沅芷

台灣省主席，這個官位聽起來夠大了吧？照理來說，應該沒有人敢惹省主席的好朋友。一九九〇年的台灣省農田水利會選舉時，身為當時台灣省主席邱創煥好友的某位不具名人士，也許就是這樣想的。他打電話給邱創煥，請他幫忙自己競選農田水利會會長。

不過，事實證明，農田水利會會長選舉的水深可是深不可測，就算你是省主席的好友，也免不了被黑道恐嚇。這位不具名人士，本來興致勃勃要選會長，結果過了不久又打電話給邱創煥，表示自己受到恐嚇勒索，決定不選了。邱創煥在台灣省鄉鎮市區長講習會的開訓典禮上，透露了這個故事，感嘆不知道有多少人受到暴力威脅而退出選舉、放棄事業，政府應該要拿出魄力來解決犯罪問題。

農田水利會的前身是日本時代的「水利組合」，在過去是為了改善台灣各地埤圳維護、使用狀況而設的自治組織，能有效提升農業生產效率，對於日治時期長時間仰賴農業的台灣非常重要。到了戰後，水利組合變成農田水利會，持續在地方上發揮著統合水利事業、農業與土地開發的功能，然而，這樣擁有雄厚經濟資源的組織，地方派系自然不會放過。在歷次選舉中，農田水利會跟農會、漁會一樣，成為地方派系角逐的兵家必爭之地，在激烈競爭下，選舉風氣也越來越壞，黑道暴力滲透進來威脅候選人跟選民，這位不具名人士就是其中一位受害者。

政府的確努力想要解決農田水利會選舉的問題。一九九〇年這屆農田水利會選舉，被稱為「末代會長選舉」，因為政府預計在一九九三年要把農田水利會改制為公務機關，不再是地方自治組織，未來也就不會再有選舉問題了！可是，這次改革並沒有成功，到了一九九五年，在水利會大幅反彈下，政府取消了把農田水利會改制為公務機關的打算，但會長改用遴選制，由政府從有資格的人選中遴選指派。二〇〇二年，農田水利會會長選舉再次改回直接選舉制，然而選舉一開放，又帶回來那些選戰弊病。除了黑社會介入選舉的恐嚇暴力，更有人頭會員、嬰兒會員等問題充斥。

由於農田水利會的管理區域是以地理環境劃分，範圍比農會大上很多，往往可以管理到一個，甚至跨越兩個以上的縣市區域，因此擁有大量預算。此外，農田水利會能夠租售其擁有的大片土地，可以想見其中的利益多麼誘人搶手。在一九九〇年農田水利會選舉中，十五個農田水利會會長職位，就有七十八人競選角逐。為了在激烈競爭中脫穎而出，各個派系使出渾身解數，所耗費的「銀彈」跟「子彈」，幾乎是民代選舉的兩倍！據一位雲林的水利會代表表示，選一個水利會會長，花上幾千萬是稀鬆平常的事。

水利會代表選舉同樣不遑多讓，一九九〇年的選舉，雲林水利會有十六人被檢舉而取消競選代表的資格，但地方上卻盛傳這是因為有人在「搓圓仔湯」，想辦法讓這些候選人退出，使得三十八個代表選區中，有高達二十一區的選舉「搓」成同額競選。至於這些退選的候選人，每個人則可獲得一百到三百萬元不等的高額補償。如此誇張的賄選傳聞，驚動了調查局出動調查這些被取消資格的候選人，希望能從中找出賄選的蛛絲馬跡。

對於地方人士來說，水利會代表可以掌握的金權利益太大，使其擁有幾乎不下於縣市議員的影響力。許多政治人物，如曾任雲林縣長的林恆生，都是從參選水利會代表起家的，可見水利會對地方政治人物是多麼重要的支持力量與晉升管道。

為了解決水利會租賣土地、財源不透明，以及選舉綁樁等種種問題，民進黨在二〇一六年執政後，重新討論起將農田水利會改制為公務機關的議題，最後終於在二〇一八年，立法院三讀通過《農田水利會組織通則》修正草案，確定將農田水利會改制為公務機關。農田水利會不再有會長選舉，會內職員成了公務員，必須保持行政中立，農田水利會造成的賄選、搓圓仔湯等選舉亂象，從此之後應該也會銷聲匿跡了吧？

參考資料

① 王宛茹，〈水利會長 選戰銀彈 民代的二倍〉，《聯合晚報》，一九九〇年四月十七日，第四版。

② 〈水利會長選舉／陰暗篇 遭到黑道恐嚇勒索 邱創煥的朋友 不敢參選了〉，《聯合報》，一九九〇年四月十八日，第六版。

③ 王健治，〈雲林盛傳有人搓圓仔湯 調查局已查扣取消資格者資料 預料案情將有重大發展〉，《聯合報》，一九九〇年四月二十二日，第六版。

④ 王宛茹，〈銀彈子彈 沒有規則的遊戲〉，《聯合晚報》，一九九〇年五月六日，第四版。

相關關鍵字頁面——**人頭會員**(68)、**搓圓仔湯**(106)、**黑道暴力**(188)

人頭會員

曾沅芷

我們常常聽到新聞上講「人頭」、「人頭會員」，但人頭會員到底是什麼呢？顧名思義，人頭就只是一個人頭，毫無反應，他或她只負責出那個「頭」，讓外界誤以為這個人是真的有參與，但實際上卻是個被旁人操控的空空頭殼，沒有自己的意志。以下我們就來講個「人頭換蒜頭」的故事，讓大家方便理解人頭會員的奧義。

雲林是台灣最重要的農業生產基地，蒜頭是當地重要的作物，然而在一九八〇年代中期，蒜頭價格已經疲軟好幾年了，讓農民越來越不想種蒜頭，生產量也大減。但市場的供需，就是這麼微妙，因為農民不種蒜頭的關係，導致蒜頭供不應求，來到一九八八年，蒜頭價格飛升，農民見到種蒜頭有利可圖，蒜種又變得炙手可熱。市場預估隔年的種蒜需求將會大增，但台灣的市面上卻缺乏本地蒜種，為了補足缺額，農政單位同意開放進口國外種蒜。

其中，雲林縣西螺鎮農會在這一年進口了大量的蒜種。按照正常的流程，西螺鎮農會統計完當地農民需要的數量，把所需總數呈報給省農會，由省農會統一委託貿易商進口。在貨櫃來台之後，農會則應該將可以免稅的種蒜直接提供給登記有需要的農民，如此一來，才能發揮農會照顧農民的效益。

但是漏洞就在這裡，你怎麼知道，西螺鎮農會所統計的「農民」，是真的有需要的那批農民呢？

沒錯，這批被西螺鎮農會拿來向省農會申請蒜種的「農民」，只是一群人頭會員，他們被用來虛報種蒜需求數量，讓西螺鎮農會得以大量進口蒜種。取得種蒜之後，他們也不直接交給農民，而是把裝滿蒜種的貨櫃交給兩位蒜商，讓農民領取其中的一部分，其他的則大多流落市面。透過人頭會員獲得大量種蒜的做法，不僅省了一大筆稅金，又可以賺取當年供不應求的種蒜暴利，真是不知道賺了幾手啊！不過這樣的賺法，當然是違法的。在調查局雲林調查站歷時一個月的蒐證、調查後，西螺鎮農會供銷部主任廖欽煌、業務主辦人曾信義以及合作的蒜商王巧、莊建國等人，都被移送到雲林地檢處法辦。

農會人頭會員除了可以用來換蒜頭，其實還有很多功用。在農會選舉期間，地方派系一路從檯面上鬥到檯面下，就是要打贏農會代表與農會理事的選戰。選舉的秘密很簡單，就是票多的贏，那如果願意投給己方代表候選人的會員越多，不就選上越多嗎？所以地方派系除了用買票、集體出遊等手段拉攏既有會員，也會盡可能的塞進最多的人頭到農會，讓他們成為改選期間的鐵票部隊。

一旦地方派系透過選舉成功掌握了農會，人頭會員就有其它的用處了。透過農會貸款，地方派系可以調度資金，然而，農會貸款有個人額度上限，這時候人頭會員便派上用場——透過無數個人頭貸款，即使每個人頭只能借到一定的金額，全部相加起來還是能提出上千萬、甚至破億的現金呢。

一九九〇年，北投區農會就爆發過一起嚴重的農會超貸案。一間經營汽車貸款代理商的「東風公司」負責人張文達和李芬芳夫婦，冒用人頭向北投區農會冒貸超過兩億元。他們的作案手法，是利用人頭會員向農會辦理一次金額二十到六十萬不等的購車貸款。由於每個會員的貸款上限是一千五百萬元，張文達等人就為其中的幾位人頭辦理了多次貸款，直到剛好抵達上限。一般來說，農民就算有購車需求，又怎麼會連買二十幾部呢？農會又怎麼會批准這種荒謬的貸款案？辦案人員因此感到懷疑，深入追查後發現張文達夫婦至少用了八十七個人頭來操作冒貸。更誇張的是，北投農會總幹事李萬章也參了一腳，他與「東風公司」串通高估車價，讓張文達能一次貸走更多的錢。案件爆發當時，一度還傳出北投農會內部有人想用一百萬元買通調查員擺平此事，不過被士林調查站嚴正否認。無論如何，這起兩億超貸案是沒辦法壓下來了。

人頭會員雖然可恥，但很有用，你我至今仍會在新聞上看到各種協會或組織爆發人頭會員疑雲，就表示這類手法不管被嚴懲幾次，還是有人心存僥倖，冒險違法。直至今日，農會超貸案還是層出不窮，地方派系為了持續控制農會及農會內部見不得人的勾當，就會繼續不擇手段介入農會選舉，避免另一方派系入主。只要農會信用部被人利用來冒貸、超貸的問題不能解決，農會選舉的骯髒與暴力，也就永遠不會有清淨的一天。

參考資料

① 〈虛設人頭種蒜闖關〉，《聯合報》，一九八八年十一月二十四日，第七版。
② 高明法，〈種蒜弊案六人收押〉，《聯合報》，一九八八年十一月二十五日，第七版。
③ 高明法，〈種蒜弊案 人「頭」濟濟〉，《聯合報》，一九八八年十一月二十六日，第七版。
④ 范立達，〈北投農會驚傳二億冒貸案 嫌犯張文達逃逸 妻子李芬芳收押〉，《聯合報》，一九九〇年八月十四日，第七版。
⑤ 陳永富，〈北投農會傳出兩億元人頭冒貸案〉，《聯合報》，一九九〇年八月十五日，第十一版。
⑥ 江元慶，〈張文達用人頭至少八十七名〉，《聯合報》，一九九〇年八月十五日，第七版。
⑦ 江元慶，〈北投農會三職員涉冒貸案交保〉，《聯合報》，一九九〇年八月十七日，第七版。

相關關鍵字頁面——**地方派系**(44)、**農會超貸**(72)

農會超貸

曾沅芷

相信大家很常在新聞上看見「農會超貸」這樣的詞語，顯然這是台灣社會中常見的一種行為。那麼，到底什麼是「農會超貸」呢？

「超貸」指的是貸款人向銀行或信用機構，用假造文書等方式，申請了超過實際成交價格的貸款。比方說，買房的實際成交房價為八百萬元，銀行提供八成貸款，也就是六百四十萬，貸款人卻在契約書上假造成交價為一千萬元，並獲得了八百萬的貸款，這樣就是一種超貸行為。對於這類嚴重的金融犯罪，行使者需要負擔詐欺、偽造文書等刑事責任。至於「農會超貸」，顧名思義，就是農會的信用部，向貸款人放了遠遠超過其實際成交價格的貸款金額。

台灣的農會組織遍及全台各地，又有信用部提供金融融資功能，可說是農民的依靠。然而，方便之餘，農會信用部也成為有心人士搬錢的金山，利用超貸行為詐取農會的資源。

一般來說，貸款申請人與擔保品的詳細資料，都會受到銀行或農會信用部職員的詳細查核，根本沒有機會超額貸款——但這是指一般狀況，超貸既然是犯罪，就表示這些人用的是其他手段違法撈錢。文章前面假造契約書的例子，就是最普遍的鑽漏洞的方式——首先，透過人頭會員將多筆低價的農地以偽造的方式高估價格，接著串通農會總幹事及內部人員獲得高額貸款。一九九二年，彰化芳苑農會的多名幹部，就透過這樣的方式，借到兩億多元！

你一定很驚訝，為什麼農會超貸竟然如此容易？在早期，農會的放款對象僅限身為農民的會員，然而在一九八〇年代，農會的放款對象資格被放寬為只要是設籍在農會所在地的居民，都可以向農會進行貸款，這就給了許多有心人士操作空間。農會是一種自治組織，由農會會員選舉出農會代表，代表再選出農會理事，而農會行政單位則需要對他們負責。相對的，農會理事與農會代表對農會的基層人員有很大的影響力，擁有決定其人事的權力。因此，在人情壓力或不對等的權力下（如在工作上刻意刁難），農會信用部的基層承辦人員常常必須按照理事與代表的意思行動，而不是照著規定行事。如果意圖超貸的人又和總幹事關係匪淺，就有了超貸可乘之機。

許多地區的農會代表選舉，都是地方派系的兵家必爭之地，因為掌握了農會代表的席次，就掌握了農會理事的選舉權，得以決定由誰出任農會總幹事等行政職務，並進一步操控該區農會的人脈與金流。當農會內部都是派系的人馬，大家都是「自己人」的情況下，像是超貸等違法行為，就能不受監控地進行，把農會變成自家的金庫，榨取屬於農會會員的存款。在長期借出大量現金，又無力償還的情況下，許多農會累積了大量呆帳，醜聞一經揭露，總是導致擠兌風波。政府為了收拾殘局，往往得從其他公家行庫調轉資金，最後還是納稅人的損失。

在震驚全台的「劉邦友血案」中被槍殺身亡的桃園縣長劉邦友，也曾牽涉到農會超貸案與擠兌事件中。一九九五年九月二十日，中壢市農會爆發了嚴重的擠兌事件，兩百多名農會存款用戶得知中壢市農會總幹事謝乾生涉嫌違法超貸，於九月十九日遭到收押後，就蜂擁至農會信用部要求提領存款。

謝乾生自從一九八一年起，就擔任中壢市農會總幹事，他所主導的中壢市農會被外界戲稱為「超級放款公司」，許多銀行、行庫不敢承辦的放款業務，他卻敢讓中壢市農會承辦，甚至連門窗都還未見到的建案他也敢放款，造成農會上千萬的損失。謝乾生與建商家族長期合作，因而能夠鞏固他在農會的勢力，雙方互相串連，在台灣房地產形勢一片大好的一九八〇年代飛黃騰達，大膽進行多次違法放款。

然而這一切終須要還，謝乾生因為心虛而屢次拒絕中壢市農會理監事查帳的要求，被理監事們看出中壢市農會有嚴重的呆帳問題。加以一九九〇年代中期房地產市場開始衰退，一度風光的謝乾生與其違法事蹟再也紙包不住火，遭到檢調單位的調查，之後更為此被判刑七年。

時任桃園縣長的劉邦友，也被牽扯到這樁超貸案中。他遭到監察院彈劾包庇中壢市農會冒貸、超貸、違法貸款等等弊端，任由事態擴大，對該農會予以袒護。不過在實際受到彈劾案的懲罰之前，他就在一九九六年十一月二十一日早晨的「劉邦友血案」中，遭到槍手狙擊，與另外七人一同身亡。

超貸一時爽，但農會信用部可沒有辦法承受如此龐大的違法掏空，不論透過多少政商勢力遮掩，總有一天超貸都會壓垮信用機構，走向破產、接管的末路。

參考資料

① 曹俊漢、丁學偉，〈中壢農會擠兌 昨被提走十三億〉，《中國時報》，一九九五年九月二十一日，第一版。

② 范清宏、丁學偉，〈金礦成了空殼 捲起金融風暴〉，《中國時報》，一九九五年九月二十三日，第十六版。

③ 王烱華，〈中壢農會 擠兌事件 監院彈劾劉邦友 指其未盡督導之責 劉盼重視農會管理〉，《中央日報》，一九九六年八月十五日，第一版。

④ 月旦法學雜誌編輯部，〈監察院彈劾案文／八十五年度院台壹乙字第一五三號——桃園縣長劉邦友包庇中壢農會超貸被彈劾案〉，《月旦法學雜誌》第十八期（一九九六，台北），頁一二七～一三〇。

相關關鍵字頁面——**地方派系**(44)

信用合作社

一百億元！你們從前聽過一百億元的弊案嗎？

曾沅芷

交通銀行常務董事余井塘激動地說完這句話後，竟然引發了腦溢血，送醫五日後，不治身亡。一百億元？是什麼樣的大弊案，讓這位先生憤怒到丟了性命？

年輕一點的讀者可能需要Google一下，一九八五年，台灣爆發了史上最嚴重的金融弊案——「十信案」。十信指的是台北市第十信用合作社，前身是日本時代成立的「台北信用組合」，至於什麼是信用合作社？各位可以將它想像成一種由入社社員擁有的銀行，人們可以自由加入信用合作社成為社員，所有社員權利義務都相同，透過一人一票的選舉制度，選出理監事，並受到全體社員授權，共同治理信用合作社。乍聽之下，是很理想的金融單位。除了台北市之外，全台灣各地也分布著許多間信用合作社，處理民眾的金融需求。

不過，就跟農會、漁會、水利會一樣，這類擁有大筆資金跟信用部門的地方自治組織，往往會成為有心人士的金庫。各地的地方派系，會積極地介入、掌握當地的信用合作社，將裡面的人力與資本，轉化成自己的選舉資源。然而，儘管信用合作社通常資金雄厚，一旦信用放款的機制被濫用，就會爆發嚴重的金融危機。

十信案就是其中最嚴重的例子，台北十信自一九五七年以來，向來由國泰蔡家擔任理事主席，也因此成為蔡家的金庫。到了一九七九年，蔡辰洲變成十信的實質掌權者，但在他當家之後，十信違規行為猛然暴增。當時，蔡辰洲經營國泰塑膠，急需資金，便不斷透過人頭會員貸款，從十信把錢搬往他底下的企業；另一方面，蔡辰洲與其兄弟則致力於攏絡黨政軍商各方要人，以高額利息吸引這些人成為十信客戶，把錢源源不絕地倒入十信。

蔡辰洲在一九八三年當選立法委員，讓他的大膽作為更上一層樓。他與另外一群立委如劉松藩、王金平、蕭瑞徵等人，組成「十三兄弟會」，運用立委的權力與影響力，掩蓋他在十信中的種種作為。事實上，十信不良經營的問題早已被財政部等單位盯上，包括各種不正常放款、存庫現金偏低等狀況，也被勒令要求改善。但蔡辰洲依恃著他在黨政軍商各界的人脈勢力，加以身兼立法委員的光環，在一九八五年二月弊案大爆發之前，總是能動用人情關說，把這些壓力想辦法避了開來。同時，台灣省合作金庫作為監督十信的主管機關，也沒有盡到監督的責任，讓弊端層層累積。根據王駿描寫十信案的非虛構小說《十信風暴》，合作金庫每次去查帳，只查其中幾家分社，十信都能預先知道消息，連夜把錢轉到那些被指名要查的分社，補足虧空，就這樣屢次避開危機。

然而，紙終究包不住火，十信的弊案嚴重到惹火了最上層的人——蔣經國總統，他下令要嚴辦十信案。他的動機另有一說，是因為前一年的江南案讓蔣經國和國民黨灰頭土臉，以至於他急需一個偵破弊案的機會，好穩住他的政權、保住他的顏面。無論如何，十信的問題都累積到不得不查辦的程度了。

一九八五年二月，財政部宣布十信放款金額高達一百五十四億元，超過存款總額一百五十一億元，代表十信實際上失去了放款能力。因此，財政部勒令十信暫停營業三天，由合作金庫接管整頓，並派出四十多名金融檢查人員，前往十信的十八家分社全面清查現金、帳冊，一家也跑不掉。至於現任的理監事等人，則通通被限制出境。

十信爆發了這麼嚴重的弊端，害得十信客戶們人人自危，紛紛前往擠兌提款。擠兌風潮甚至擴及到其他銀行、以及蔡辰洲哥哥蔡辰男的國泰信託，在台灣掀起了一波金融危機。蔡辰洲再也躲不掉倒行逆施的後果，被以違反票據法、背信、詐欺、偽造文書等等罪名，累積判決了六百七十年的有期徒刑。

不過，蔡辰洲並沒有服到這麼多刑期，他很快就以肝癌名義申請保外就醫，然後於一九八七年過世。坊間傳說，他並不是真的病死，而是裝病潛逃，至今可能還在國外逍遙。你認為他是真死，還是假死呢？

參考資料

①〈十信違規經營情況危急 財部處分暫停營業三天 客戶存款保證百分之百支付〉，《聯合報》，一九八五年二月十日，第三版。

②〈防止金蟬脫殼．應查鉅款去向 合庫支援十信．負責人涉嫌套取資金 不良放款驟增．數天內差了三十億元〉，《聯合報》，一九八五年二月十日，第三版。

③王駿，《十信風暴》（台北：鏡文學，二〇二〇）。

相關關鍵字頁面——人頭會員(68)、關說(200)

警友會

曾沅芷

這是一場熱鬧的聚會，眾人高聲喧嘩，縱酒享樂，難以想像他們在白天的時候，是一群嚴肅的警察。龍井鄉警友站的成員們，於一九九二年十一月四日晚間在梧棲中港海鮮樓舉辦了聚餐，席開四十幾桌，邀請警察、民防、義警、義消等單位，規模超過四百人。不過，原本歡樂的聯誼場合，卻被一樁小意外打斷了。

這根本就是在吃「選舉飯」！

一位台中縣民意代表的陳姓秘書，突然指控這場聚餐醉翁之意不在酒，是為了準備選舉而辦，然後就當著大家的面，氣噗噗地離席了，搞得眾人好不尷尬。

「選舉飯」，怎麼會這樣說呢？原來，這場聚餐現場有一位官拜「三線一星」的高階警官，名叫郭政權。他雖然是警官，卻有意參選立法委員。因此在這場聚會上，滿滿都是讚美、吹捧郭政權的致詞者，說他才三十九歲卻有柔道三段，多麼的青年才俊。

可是，要在台中選民意代表可不簡單，大家都知道台中縣有所謂紅派、黑派之分，那麼郭政權想出頭，背後的靠山是誰呢？傳言說，他不跟紅派好也不跟黑派好，反倒是跟所謂的「第三勢力」比較好。郭是長億集團創辦人，「中霸天」楊天生的姪女婿，而楊天生一直想要在台中發展自己的派系，超脫紅黑派之爭成為第三勢力。郭政權出來選，大抵背後也是有楊天生的支持吧。那位憤而離席的陳姓民代秘書，似乎就是與楊天生、郭政權的派系不合，才會對這場幾乎是在替郭政權助選的聚餐大為感冒。

我們在討論選舉的時候，很常忽略掉「警察」這個角色，或把他們看成在政治上保持中立的人物，認為他們需要在執勤時負責維持選舉時的秩序，而不能有自己的意識形態。事實上，警察雖然適用於《公務人員行政中立法》，在行政上必須保持中立，但他們脫下制服也是一人一票。警察不僅有投票意志跟政治立場，有時候影響力甚至比一般選民還大。

警察有自己的組織團體——警察之友會，簡稱警友會（或警友站），年滿二十歲的中華民國國民，只要能經由會員或兩位以上現職員警介紹，就可入會。警友會的宗旨是為了「防範犯罪，促進警民合作。」不過這響亮的口號，只是警友會功能的表面。

警友會的主要功能，是透過民間的捐款，照顧警察的福利。警友會聯繫著為數眾多的警察，及他們的親屬、好友，是全台各地頗具規模與實力的組織。因此，地方上的政治人物若想要步步高升，可不能放過跟警友會打好關係的機會。若能得到警友會的支持，不但能贏得警察的選票，還可以透過警友會的人脈，爭取更多支持者。不只如此，警友會的風向，對警察投票時的選擇，也有相當的影響力。在當時，多數的基層警察若能獲得升職，跟上司的意向有很大的關係，為了與上司打好關係。部屬自然會迎合他們的投票意志，甚至主動去幫忙拉票，當作是一種「績效」。

實際上，當時警友會的會員，不只有警察跟警察親屬，還有一些處於「灰色地帶」的民間人士。這些人有部分經營特種行業，某些會員則充當調解人，為刑案當事人居中牽線、關說。另外，也有些會員，平時樂於捐款贊助警友會，在他們出事的時候，便反過來希望警方能網開一面，甚至打電話找來長官關說。這些現象，顯示警友會並不是那麼單純的組織，畢竟只要牽涉到金錢利益跟人情糾葛，就很難保持中立。

一九九二年，商界名人翁大銘因為旗下的華隆公司涉及違法交易股票，跟土地陷入司法糾紛，為了擺脫官司，便跑出來參選立法委員。他在競選過程中，就得到了來自商界以及警友會的大力支持。為什麼翁大銘沒當過警察，卻可以得到警友會支持呢？原來，翁大銘不但多次捐款給警界，還曾經擔任過警察之友會的理事長，翁參選時的警友會理事長熊名武，則是翁大銘的競選副總幹事。翁大銘跟警界有這麼緊密的連結，台北市警察之友會，也在召開理監事會議時，通過支持翁大銘選舉立委的決議。後來，翁大銘破天荒的只競選十幾天就選上該屆立委，不知道警察的支持有沒有發揮關鍵的影響力呢？無論如何，警友會的票，對於候選人來說，仍是相當值得爭取的。而且，得到警察支持，多少能免去選舉暴力纏身的困擾，各方面來說，應該都是百利而無一害的選擇。

參考資料

①〈聚餐「插花」介紹候選人 遭抗議〉，《中國時報》，一九九二年十一月六日，第十四版。
②韓國海，〈候選人爭取票房 警上添花〉，《聯合晚報》，一九九二年十二月十四日，第四版。
③施靜茹，〈選情拾萃 翁大銘動員警商人脈〉，《聯合報》，一九九二年十二月十五日，第十四版。
④楊金嚴、朱俊哲，〈照亮警友會與警員間的灰色地帶〉，《聯合報》，一九九五年四月十六日，第十四版。

相關關鍵字頁面——**地方派系**(44)

宗親會

曾沅芷

你有參加宗親會嗎?如果有的話,想必在工作跟人脈上,都會得到不少助力。各地的宗親會通常都有不小的規模,以同姓祖先為號召,集合了各行各業的同姓者,互相拉拔提攜。如果你今天成為了一個候選人,那肯定要參加宗親會,因為宗親會的組織力量,說不定能為你挹注大量的選票,順利當選!

不過水能載舟,亦能覆舟,桃園的新屋鄉農會,就曾經是受宗親會成員牽連的受害者之一。到底發生了什麼事呢?原來,新屋鄉農會在一九九七年的選舉,不僅理事長、總幹事等人賄選,還操縱陳姓、徐姓、葉姓、黃姓、李姓宗親會,讓各個宗親會中選上的農會代表,在選舉理事長時進行配票跟假投票。原本一切都進行的很順利,地方人士徐潤炳透過賄賂跟宗親會配票,當上了新屋鄉農會的理事長,然而,才過了沒多久,他跟總幹事等人的犯行就被檢調單位查獲,一夥人都被掌握犯罪證據起訴。

這次案件引人注目的是,不只賄選勝利的一方被抓,檢調單位在起訴書上,也記下了選舉落敗方的賄賂行為。徐潤炳對手的李文政陣營，一知道徐潤炳用五十萬元賄賂會員代表，就連忙加碼把會員代表給「買」回來，不過李文政即使出了兩百萬元，還是未能扭轉票數，就此落敗。結果不僅沒能搶到理事長的職位，還被抓到賄賂。

新屋鄉隸屬於桃園，而桃園縣就是宗親會影響力非常大的地方。桃園的派系生態向來偏向多山頭小派系林立的情況，除了許信良參選桃園縣長時一度形成的「黨外桃園幫」，欠缺全縣型的大派系。而各個小派系，就是基於族群跟宗親會的分界成形。

過去在國民黨一黨獨大的狀況下，桃園派系因為沒有足以和國民黨抗衡或討價還價的實力，不具有太大的影響力。但這樣的情況在民進黨於一九八六年出現之後開始有了變化。桃園的宗親會勢力，各有不同的支持對象，而其中有些宗親會就選擇力挺民進黨體系的候選人。雖然民進黨不見得能將桃園由藍轉綠，卻足以為國民黨的執政優勢帶來挑戰，後來更在一九九七年的桃園縣長補選中，一舉將民進黨籍的呂秀蓮推上大位。

其中，張廖簡宗親會就是在桃園很有影響力，名氣響亮的宗親會之一。他們曾經幫助民進黨籍的國大代表張貴木競選，後來則和彭姓宗親會結盟，一度與民進黨關係較近。然而，因為張貴木屢吞敗戰，張廖簡宗親會後來又比較靠向國民黨的張昌財。這說明了宗親會雖然有政黨傾向，卻不見得長久，同姓宗親勢力若有消長，就有可能影響宗親會的走向。

桃園地區除了張廖簡宗親會之外，還有幾個宗親會都具有左右政局的能力，像是凝聚力很強的劉姓宗親會，勢力主要在桃園南部，他們支持過最有名的政治人物你想必聽過：就是後來因為血案身亡的桃園縣長劉邦友。呂姓宗親會、黃姓宗親會也都多次在地方選舉中扮演重要的抬轎角色，例如呂秀蓮就獲得呂姓宗親會的支持，而出生在嘉義的黃主文，也依靠黃姓宗親會的力量選上桃園縣的立委，之後更得以進入內閣擔任李登輝的內政部長。

不過，依靠宗親會的幫助贏得選舉，此事既有好處，也有其陰暗面。桃園縣議會在一九九八年時，就曾經爆出正副議長的賄選事件，當時有傳言傳出，指稱黃姓宗親會有介入選情之嫌，而背後操縱者就是與黃姓宗親會走得很近的內政部長黃主文！然而這個傳言，並沒有得到檢調單位證實，黃主文本人得知此事之後，也在媒體上大喊冤枉，表示他非常痛恨賄選，有民代或宗親來向他拜託選舉相關事務，他都一概拒絕，還被誤認為不通人情。更何況，他與宗親會的關係，是宗親會決定要支持他，不是他反過來操縱宗親會。也就是說，在選擇政治立場這件事上，宗親會本身的意志才是主體，而非被支持的政治人物。

確實，宗親會本身的運作如黃主文所說，有自己的脈絡跟出發點，有時並不是政黨或個別的政治人物可以影響左右。這幾年下來，由於台灣日益都市化、少子化，人們對親族的價值觀改變，連帶使得宗親會的影響力跟著逐漸減退。不過在地方上，宗親會仍是政治人物重要的樁腳和拉攏對象，不可小覷。

參考資料

① 胡若梅，〈朝野兩黨人馬 競相秣馬厲兵 桃園縣 有得瞧 張貴木與黃玉嬌力爭縣長寶座 黃木添吳烈智也卯上了劉邦友〉，《聯合報》，一九八九年六月十四日，第七版。

② 王明耀，〈選區觀察 桃竹苗各具特色 張廖簡勢均力敵 大老出面操兵練將 票源缺口各方覬覦〉，《聯合報》，一九八六年十一月二十八日，第三版。

③ 楊志強、林文義，〈桃園縣 桃園幫起落 宗親會長存〉，《聯合報》，一九九五年十一月二日，第三十九版。

④ 林文義，〈新屋鄉農會賄選案 七人遭求刑 鄉長陳江順等三十六人被訴〉，《聯合報》，一九九七年六月八日，第七版。

⑤ 鄭國樑、林文義，〈桃縣正副議長賄選案 黃主文否認會運作影響選情〉，《聯合報》，一九九八年四月二十二日，第七版。

青果合作社

曾沅芷

你聽過「蕉蟲」嗎？

蕉蟲？莫非是香蕉上有蟲？確實，香蕉也有像是象鼻蟲之類的蟲害問題，不過這裡不是要來跟大家上生物課，所謂的「蕉蟲」，指的其實是人，意指利用香蕉貿易從中獲取不當利益的人。

一九八三年，台灣省青果運銷合作社，就曾經爆發過「蕉蟲」爭議，其中一位理事陳瑞斌（當時身兼國民黨籍的立法委員），突然指控他的同鄉兼同宗——青果社總經理陳儒景，說他涉嫌跟日本商社「勾結」，甚至有「插花」跟拿「暗股」的嫌疑。也就是說，在陳瑞斌的指控之下，陳儒景與他的派系就是所謂的「蕉蟲」。

真的是這樣嗎？陳瑞斌一共拿出三封書信，想要證明他的爆料屬實，他說陳儒景的哥哥名叫陳儒通，又名松尾通，與日本的松岡株式會社以及豐田通商公司似乎頗有關係。陳瑞斌宣稱陳儒通就是松岡株式會社的董事，而他的太太與兒子也擔任松岡株式會社的董事跟監察人。這樣就是所謂的「插花」，也就是利用親人在合作公司的關係取得利益。

為了調查陳瑞斌所言是否為真，青果合作社的監事們前往豐田公司在台灣的代理商建台豐公司，拿到了傳說中的那三封信，卻發現這三封信的內容，跟陳瑞斌拿出來的版本好像不太一樣。內容只不過是豐田方面請台灣這邊的另一位郭姓總經理，幫忙關照松岡公司的欠款，並沒有提到插花或暗股情事，更沒有提到松尾通等人。

陳儒景對陳瑞斌的指控，當然也是大大喊冤，他極力反駁哥哥持有日本商社乾股的情事，也否認在松岡株式會社擔任董事跟監察人的「松尾」是他的大嫂和姪子。由於查證行動費時費力，青果合作社的監事後來有沒有為此飛到日本查證，我們不得而知，「蕉蟲」疑案成了羅生門。

雖然整起事件沒有一個確切結論，但我們倒可以從事件的起源跟過程中觀察出不少現象：同在青果合作社，陳瑞斌大打陳儒景，並不像他自己說的一樣只是為了揭弊。事實上，陳瑞斌一直很想成為青果合作社的理事主席，並希望總經理陳儒景可以支持他，但陳儒景卻選擇支持現任理事主席劉嘉修，因為劉嘉修正是提拔陳儒景當上青果社總經理的人。陳儒景還把陳瑞斌在高雄擔任分社經理的哥哥調回總社，讓陳瑞斌感到這是在「排除異己」，打擊他問鼎理事主席的努力。

除此之外，兩人在地方上也有夙怨。陳瑞斌跟陳儒景本來都屬於高雄白派，但陳瑞斌在擔任旗山鎮農會理事長時，將陳儒景的表哥柯文仲移送法辦，使得雙方開始水火不容。此後陳瑞斌逐漸靠向高雄黑派，陳儒景則偏向紅派。同樣從高雄旗山出身，又是同姓，兩方卻成了宿敵。所以說，如今陳瑞斌指控陳儒景是「蕉蟲」，姑且不管證據足不足的問題，是否也有一些派系爭鬥的私心在裡面作用呢？

為什麼派系要爭奪青果合作社理事主席等重要職位？台灣省青果合作社是一個結合各地社員力量，聯合進行香蕉、柑桔、芒果等水果運輸、銷售工作的組織，並同時運用共同採購的方式，減輕社員採買肥料、農藥、水果套袋等生產資材的成本負擔。即使沒有信用單位，青果合作社仍是有著雄厚資源的組織，裡面的職位也因此引來各派覬覦。而對於以農業為主的行政區來說，青果合作社更有舉足輕重的影響力。高雄旗山素來以「香蕉王國」聞名，香蕉的產銷等同於旗山的經濟命脈，相對的，旗山的地方派系與政治人物，自然會重視、並積極介入青果合作社的職位安排，因為誰能掌握分社乃至總社的營運，就能掌握地方農民的人脈金脈，對自己的政治之路肯定有很大幫助。

理想上，青果合作社如同農會，應該要幫忙解決農民在生產、運銷方面的問題，由合作社承擔向外運銷的責任，並節省農民的生產成本。然而，它卻因為壟斷水果外銷通路的優勢，成了地方派系爭奪搶食的大餅，模糊了原本為農民服務的本意。而這場在長期內鬥中所爆發的「蟲害」，或許不只是一個派系鬥爭用語，而是整個結構性的問題。

參考資料

① 呂雲騰，〈理事主席選舉暗潮洶湧 蕉虫插花疑案激起巨濤 陳儒景陳瑞斌．同宗同鄉．干戈相見 爲名利排異己．兩派爭執．越演越烈〉，《聯合報》，一九八三年四月十六日，第三版。

② 〈豐田會社函台北總代理 指無插花暗股情事 二百卅萬日圓．是承銷保證金 陳儒景廿日返國將公開此信函〉，《聯合報》，一九八三年四月十八日，第三版。

③ 〈陳瑞斌三封書信．認定有人插花 陳儒景五項說明．發誓絕非蕉虫 雙方說詞撲朔迷離．調查局派員調閱資料偵查〉，《聯合報》，一九八三年四月二十二日，第三版。

④ 〈青果社監事昨往建台豐 取得三封關鍵信函 但與陳瑞斌的略有出入〉，《聯合報》，一九八三年四月二十三日，第三版。

相關關鍵字頁面——**地方派系**(44)

宮廟

曾沅芷

二〇二一年的台中一中校慶園遊會，出現了一塊引人注目的招牌：在一個射氣球遊戲的攤位，海報上畫了神似「顏清標」的兇惡男子，手上拿著手槍，問你：「少年的，欲拍銃無。」[1]這大概是所有台中人，不，甚至是所有台灣人都會會心一笑的梗，因為畫海報學生所影射的對象明顯就是台中知名黑派人物——在黑白兩道都有豐富人脈的顏清標。顏清標的大名幾乎全台灣無人不知無人不曉，畢竟他不但長年擔任大甲鎮瀾宮的董事長，更擔任過立法委員，形象也經常出現在各大媒體上。他的兒子顏寬恆、女兒顏莉敏目前仍活躍於政壇，延續顏家的政治事業。

小小一張校慶海報引起軒然大波，高中生們不得不傳簡訊跟顏家道歉，不過顏寬恆卻笑笑地出面表示理解這只是個玩笑，要他們「不要擔心有天在海邊醒來」。這顯然是在開「惹火顏家就會被做成消波塊」的鄉民玩笑，不得不說顏寬恆真是有度量又幽默的人。

既然說到顏清標，就讓人不禁好奇，顏清標到底是怎麼發跡的呢？他到底是怎麼選上大甲鎮瀾宮的董事長，還一當就是二十多年？這就得從台灣各地宮廟與地方派系之間的緊密關係說起。

所謂宮廟，泛指台灣各地的道教寺廟，各自奉祀不同的神明信仰，諸如媽祖、保生大帝、關公與王爺千歲等等。宮廟是各地的信仰中心，也是常民重要的生活場域，在精神上，宮廟提供信徒一個得以提升性靈或尋求慰藉之地；在物質上，經濟狀況良好的宮廟也常扮演救濟貧苦、領導民眾的核心角色。到了選舉季，不分黨籍、派系的候選人則天天要跑上好幾座宮廟參拜，希望能藉此爭取數量龐大的信徒支持。

既然宮廟對人們的日常生活和競選活動有這麼大的影響力，不難想像，尋求控制地方人脈、金脈以圖政治影響力的地方派系，肯定會將宮廟視為必爭之地。許多的宮廟組織、管理委員會等，都受到地方派系人士把持與干涉，而部分宮廟組織變成財團法人之後，這類情況更加嚴重。為什麼呢？因為董事的產生方式改變了，原本有選舉權的信徒代表是一般鄉民，財團法人化後就變成鄉鎮村里的民意代表和首長，一旦鄉民的投票權被派系色彩濃厚的地方政治人物拿走，選舉也就等於被地方派系牢牢控制住了。

我們要談的大甲鎮瀾宮，就是採行財團法人制，其人事轄區是所謂的「大甲五十三庄」（指大甲、大安、外埔與后里四鄉鎮），並由這四個鄉鎮的現任鄉鎮長、鄉鎮民代表與村里長為「當然信徒代表」，另外還有誦經團、轎班團、執士隊與莊儀隊等鎮瀾宮轄下組織推選的「選任信徒代表」。這些人可以代表大甲五十三庄的所有信徒選出大甲鎮瀾宮的董事與監事，進而影

1. 華語之意為：「年輕人，要不要來開槍射氣球？」

響董事長的選舉。什麼樣的人有資格參選鎮瀾宮董事呢?依照《大甲鎮瀾宮捐助章程》規定,除了要信仰媽祖、熱心公益等等,戶籍必須在大甲、大安、后里或外埔,才能參選當地的董事席次。因此,不在當地有一定的政治基層實力,得到鄉鎮長與鄉鎮民代表等基層政治人物的支持,根本不可能選上鎮瀾宮的董事,更不用說是董事長了。

既然大甲鎮瀾宮的組織與政治結合如此緊密,地方派系在此地的鬥爭肯定十分激烈,然而,如果是這樣的話,為什麼黑派出身的顏清標可以獨霸大甲鎮瀾宮董事長這麼多年呢?而台中傳統的兩大派系紅派、黑派,又是怎麼爭奪大甲鎮瀾宮的勢力?

事實上,這就要看當然信徒代表,也就是大甲五十三庄的鄉鎮長、鄉鎮民代表與村里長這些基層政治人物是屬於哪個派系了。這些地方的派系生態,將會強烈影響到鎮瀾宮的董監事派系席次。大甲雖然是紅派黑派五五波,但大安、外埔、后里多為黑派,其席次都是黑派,進而使得黑派在鎮瀾宮董監事會佔上風,自然讓黑派人物能夠長久擔任董事長了。久而久之,紅派就算想競爭,面對對方的票數優勢,心態也變得消極。

那麼,顏清標又是怎麼在黑派之中出頭的呢?他甚至不是大甲五十三庄出身的人呢!這是因為,黑派在長期掌握大甲鎮瀾宮的優勢之下,逐漸衍生出內鬥局面。一九九九年第六屆鎮瀾宮董事長選舉時,鄭銘坤與當時的董事長王金爐雙方爭奪董座不下,就邀請共同友人顏清標來協調。顏清標身為外地的沙鹿人,原本只是來當公親,卻不知不覺變成事主,成為雙方都能認可的董事長人選。於是,顏清標便把他的戶籍從沙鹿遷到大甲,從此成為大甲鎮瀾宮的董事長,而鄭銘坤則擔任副董事長,這個局面一直維持至今。

參考資料

①何鴻明、王業立，〈地方派系如何操控寺廟的管理權？——以大甲鎮瀾宮的人事選舉爲例〉，《台灣民主季刊》第七卷第三期（二〇一〇年，台北），頁一二三～一八六。

②鄒景雯（二〇一三）。邱太三：宮廟當金庫 國民黨派系黑金共生。（二〇二一年五月六日檢索）。

③黃建豪（二〇二一）。校慶玩「標哥」梗中一中學生致歉 顏寬恒：不要擔心有天在海邊醒來。（二〇二一年五月六日檢索）。

相關關鍵字頁面——**地方派系**（44）

同業公會

曾沅芷

「公會」與「工會」，大概是最容易被人搞混的兩種組織了。「工會」是勞工創立，以團結勞工、維護勞工權益不受資方侵害為目的的組織；「公會」則是相同職業從事者組成的職業團體，以協調同業關係、促進產業發展為主要目的。我們常常看到所謂「同業公會」，這是各行各業的職業團體，裡面的會員常常是資方，可不是勞工，千萬別搞混了。

隔行如隔山，每個同業公會隨著地區與職業差別，發展也不盡相同。有些同業公會能改變產品的市場行情，或影響業者經營，牽動數千萬新台幣的利益。在多方勢力覬覦之下，就可能找來黑道助陣，爆出「染黑」的爭議。一九九〇年十一月，台北市警方就逮捕了台北市錄影帶同業公會的理事長薛裕源，和兩位常務理事吳正義、白春正等三人。為什麼要逮捕他們呢？原來這三人被秘密證人檢舉，說他們是黑道流氓，背後有「松聯幫」撐腰，動不動就威脅出租錄影帶的店家、片商索取鉅額保護費和免費錄影帶，如果業者不從，就以砸店威脅，好不可怕。

同業公會理事長跟幹部竟然是黑道？真是嚴厲的指控。被指控為流氓的薛裕源等三人大喊冤枉，提出了完全不同的故事版本。他們說自己之所以會被人檢舉，是因為率領錄影帶業者對抗錄影節目帶製作業者（A拷商）。身為錄影帶出租業者上游的A拷商仗著手握院線強片，強迫出租業者在購買時，還要同時買下沒有名氣，無法賺錢的錄影帶，讓出租業者難以賺錢。

確實，警方一直提不出薛裕源等三人是流氓的證據，雖然宣稱他們有種種威逼片商、錄影帶店的惡行，卻沒有被害人出面指證，也不清楚三人與松聯幫到底有什麼關係，倒楣的薛裕源等人就這樣被法院裁定管訓。沒想到，此案卻在監察院調查後大翻轉，指出憲兵調查組有人濫用職權將他們入罪。那麼，究竟是誰如此神通廣大，能套上罪名除去堂堂同業公會理事長？又是什麼樣的利益糾葛，引發這一連串的案件？恐怕只有業界內部才了解風暴的來龍去脈了。

不過，這起案件呈現出了過去同業公會內部錯綜複雜的面貌——不僅可能有黑道滲透的疑雲，裡頭的派系鬥爭更是不得了。各地區的同業公會是掌握人脈、金脈的重點團體，自然也深受地方派系注目。能夠當上一個同業公會的理事長，形同成為了該行業的領袖，不但能滿足心理上的權力欲，更能在協助業者發展的同時，拓展新的人際網路與資金來源，創造更有利的商業行為。許多能掌握同業公會理事長的人物——特別像是營造業這類企業體龐大的同業公會——通常也都是地方政商關係雄厚的頭人。比方說，台中的知名「第三勢力」楊天生，就曾擔任台灣區營造工業同業公會的理事長。楊天生擔任理事長時，與公會中由大陸工程公司董事長殷之浩（台灣高鐵公司前董事長殷琪的父親）領導的另一派，為了北二高建設工程是否公開招標的議題產生激烈衝突，甚至各自動員熟識的立法委員，在立法院相互抗衡。

部分同業公會的權力鬥爭如此激烈，一碰上內部人事改選時，那種劍拔弩張的緊張氣氛，同樣不會輸給台灣大大小小的選舉。競選各方花招百出，就為爭奪理事長、理事或監事的職位。像是一九九九年的屏東砂石商業同業公會，曾經發生過逾期未完成改選的爭議。為什麼辦個選舉還會逾期呢？因為這次屏東砂石公會的選舉異常激烈，還傳出有黑道介入的疑雲，其中一方不惜抓人「集體出遊」，就怕有人跑票。好不容易選出理事、監事，正應該按章程召開理事長選舉，卻因為當權派差了一席理事，怕選舉輸掉而用技術性理由拖延選舉。雙方出招、使手段的程度，不下於立法委員或縣市長選舉。

最後，這場激烈的選戰還是以在野派的勝利告終，而且選完後所有幹部「當場交接」，避免夜長夢多。雖然新任理事長黃清原在受訪時極力否認砂石業與黑道間的關係，不過這場選舉過程產生的諸多綁樁、集體出遊等爭議，恐怕讓人很難不如此聯想。一場同業公會的理事長選舉，也能產生如此激烈的鬥爭，不得不說還真是台灣民主的特色之一。

參考資料

① 劉開元，〈抓蟲除害 三名影武者 連夜掃入籠〉，《聯合晚報》，一九九〇年十一月二日，第七版。

② 楊金嚴，〈掃黑 錄影帶公會 黑幕重重〉，《聯合報》，一九九〇年十一月三日，第七版。

③ 曹競元，〈前北市影帶出租公會理事長薛裕源家屬向憲兵司令部請願〉，《中國時報》，一九九二年五月九日，第三十版。

④ 陳華沱，〈第二高速路承包權之爭雖結束 營造業公會內餘波盪漾 議價招標兩派勢成水火〉，《經濟日報》，一九八八年一月二十七日，第十八版。

⑤ 駱焜祺、李錦環，〈砂石公會理事長逾期未改選 暗潮洶湧〉，《聯合報》，一九九九年十月二十二日。

⑥ 翁禎霞，〈砂石公會幹部改建 當場交接〉，《聯合報》，一九九九年十月三十日。

相關關鍵字頁面——**地方派系**(44)、**集體出遊**(150)、**砂石**(235)

出世來做柱仔跤[1]

談到台灣的地方選舉，一定不能忽略「柱仔跤」在其中扮演的重要地位。「柱仔跤」就是華語的「樁腳」，他們是選舉時負責拉票、買票，為候選人掌握基本票源的地方人物。為了讓自己支持的候選人當選，樁腳從選舉一起跑就忙的不可開交。他們陪著候選人參加大大小小的競選活動，營造聲勢浩大的必勝氣勢；他們透過綿密的組織系統，確實的將買票錢交到每個鄉親的手上。為了將選前的氣氛炒熱起來，他們還得同時舉辦選舉六合彩和一場一場的流水席。到了選舉日當天，樁腳們不能休息，必須在投開票所監看選民亮票，要是雙方票數拉鋸，還得偷偷做票，反轉比數。

好的樁腳能讓候選人選後樂開懷，那種「出世來做柱仔跤」——生來就擅長當樁腳的地方人士，自然就成了各方極力爭取的要角。在這一章，我們將實際跑一趟競選流程，看看到底要怎麼做，才能贏在起點，笑到終點。

---

1. 台文及音讀爲：「tshut-sì lâi tsò thiāu-á-kha.」

黑道

莊岳燊

新聞中的黑道人物出殯排場，往往有一字排開的千萬豪車群，數百、甚至數千名穿西裝戴墨鏡的黑衣人，加上氣派無比的會場佈置。舉例來說，我們常常會在新聞中看到這樣的報導：

將近三百多台的車陣在街頭綿延數公里，告別式現場湧進千位黑衣人為其送行，市長、立委等政商名流，甚至前任立法院長都親自到場拈香致意。面對如此聲勢浩大的場面，警方不敢大意，派出百名警力荷槍實彈的在現場監控……

當我們驚訝於這些闊綽的排場，不免也開始好奇，台灣的黑道有多大的勢力？為什麼和犯罪活動牽扯不清的黑道，卻又和大咖政治人物有這樣的好交情？

要了解台灣的黑道，得先回到十九世紀還受到日本統治的時候。當時，台灣就已經有許多經營色情行業和賭場的角頭。戰後，一些中國大陸的幫派份子來到台灣，而以外省家庭第二代成員為主的黑道「四海幫」和「竹聯幫」也陸續成立。簡單來說，「幫派」沒有自己的地盤，「角頭」則控制固定的區域。

一九八四年，執政當局為了掃除島內的幫派、角頭，發動了「一清專案」。但這反而將國內的黑道勢力聚集到了監獄之中，以本省族群為主，對抗竹聯幫的「天道盟」就此成立，台灣三大黑幫「天道盟」、「四海幫」、「竹聯幫」鼎立局面形成。而在同一時間，全台各地也充斥著其他實力雄厚的角頭與幫派組織。

為了充足養小弟的金錢，傳統上黑道會從事勒索、喬事、暴力討債，或經營非法產業。隨著台灣經濟起飛，商人找來黑道，倚賴他們的暴力威嚇，介入生意糾紛。這些兄弟被引進商業世界，也開始尋找做合法生意的機會。漸漸的，越來越多黑道透過滲透合法企業，成立公司行號，因為這樣不只能掩飾身份不被緝捕，還可以掩護檯面下的非法勾當。一些擁有生意頭腦的黑道，抓住經濟快速發展的潮流，成為鉅富。

黑道不只從商，也開始介入政治。一九五〇年，台灣舉行國民政府遷台後的第一次縣市長選舉，一九七二年，政府舉行第一次立法委員增額選舉，民眾越來越積極的參與各項政治活動。黑道在這些選舉進行時，能動員自己的勢力成為投票部隊，也是很好的樁腳。為什麼黑道會這麼積極參與助選呢？他們希望自己所支持的候選人當選後，能保護自己不被警察騷擾和拘捕。因為在台灣，民意代表認為，前往警局關切，幫助自己的支持者，是選民服務的一部分。相對的，政客也喜愛和黑道結交，畢竟只要能為自己多添點選票的人，都是好朋友。

除了助選，黑道人物也可能成為廣受鄉親支持的候選人。黑道大哥本身雖然從事違法活動，卻常常將地方的鄉親視為朋友。他們好相處，做事阿莎力，有令人容易親近的草根性格。黑道兄弟平常幫人喬事情，好打抱不平，樂於為選民服務。他們慷慨的捐出錢財幫忙修路、建廟，甚至透過暴力、賄賂、關說，達成選民的請託。對許多選民來說，他們並不在乎黑道份子平常做了什麼傷天害理的壞事，也不關心候選人有什麼崇高的政治理想。只要能幫助選民解決日常生活大小問題，有效率的完成他們的願望，即使是黑道，也是好候選人。

一九八四年的「一清專案」使許多黑道勢力被嚴重打擊。這些兄弟在受到釋放後，深刻的感受到，要防止自己成為政府鎖定的目標，最有用的方式，就是將自己變成有權有勢的政治人物。此外，隨著選舉經驗的累積，黨外、民進黨等新興勢力逐漸對一黨獨大的國民黨產生威脅，當國民黨發現這些地方上的大哥能輕易在選舉中獲勝，便開始網羅他們，讓黑道掛上青天白日的黨徽，進入政界。

台灣的「黑金」政治，就在這樣的環境中乘勢而起。所謂的「黑」，指的是透過黑道暴力脅迫、威嚇，「金」則是利用黑道、政治人物或商人所累積的龐大資產，進行賄選或為地方服務。我們會發現，一位以壓倒性得票率連任的議長，同時是地方上人人敬畏的黑道精神領袖，還跨足經營多項產業，擁有驚人的身家。這種結合黑道、商人、政客於一身，縱橫非法、合法世界，具有影響力的人物，被稱為「灰道」。

在了解黑道如何和商界、政界發展出如此緊密的關係之後，相信大家都能體會，每當媒體報導黑道人物喪禮時，為何總是有那麼多商業大亨或政府高官到場致哀了。

參考資料

① 陳國霖，《黑金 台灣政治與經濟實況揭秘》（台北：商周，二〇〇四）。

② 伏和康、魏志中，《選舉入門 認識選舉的變數》（台北：書泉，一九九三）。

相關關鍵字頁面——**椿腳**(125)、**賄選**(129)、**黑道暴力**(188)

搓圓仔湯

許雅玲

湯圓在台灣漢人社會中是相當喜氣的食物，圓圓的糯米團，象徵團圓，不管是冬至、元宵節，或者是結婚、新居落成，大家常常煮著甜湯圓，將喜氣分給親朋好友。一九九八年，中國國民黨當時位在中山南路的中央黨部大樓落成時，便效法台灣傳統「入厝」習俗，由當時的黨主席李登輝帶領黨員搓湯圓，象徵事事團圓、全黨團結。

不過，綜觀台灣的新聞媒體，有些場合出現「搓湯圓」或「搓圓仔湯」時，氣氛又好像相當嚴肅，搓湯圓指涉的行為也不是那麼正面，比如「參選村長 搓圓仔湯外帶買票 太平坪林村洪某等被訴」、「掃蕩仲介、送禮、買票、搓圓仔湯及膨風鬼」、「業者出面說明：還沒招標，何來圍標？但傳聞有搓湯圓費。」，到底搓圓仔湯又有什麼其他的含意呢？

細看這些報導的內容會發現，「搓圓仔湯」除了物理上的「搓糯米團」外，通常也會被台灣民間用來指選舉、公共工程投標等場合中，私下協商、分配利益的行為。比如在工程招標、投標過程中，有意得標的廠商，私下聯絡其他投標廠商，向這些廠商協商條件，要求他們設定較高的底價投標，如此一來，雖然底價較高的廠商不會得標，卻可以獲得一筆「搓湯圓費」，彌補他們沒拿到標案的損失。透過這樣的方式，在競爭激烈的招標案中，廠商雖然付出了一定的成本排除其他競爭對手，但只要得到標案，仍然有利可圖。

而在選戰中，除了常見的賄選，候選人之間的「搓圓仔湯」，也是一種常見的操控選舉方式。[1]舉例來說，A候選人提出金錢、職位酬庸等條件，要求B、C等其他候選人在選舉中故意輸給A，使A當選，或者在同一政黨、地區中，想要出馬角逐某一選舉候選人的競爭者實在太多了，有人就會設法以威脅、利誘、協商的方式，要求其他人退出競爭，或者這次故意輸掉，下次「換」對方當，也就是把他們「搓掉」，以提高選舉勝出的機會。

特別是在早期國民黨一黨獨大的狀況下，地方人士如欲參與政治，大多會選擇加入國民黨，以獲得政治資源，只有少數會以「黨外身份」參選。但當一個選區有多個國民黨黨員想參選時，國民黨就會以提名制度或搓圓仔湯的方式，設法協調各地方不同派系之間的競爭，以集中火力與黨外人士對決。然而，在黨禁解除，其他政黨陸續成立後，搓圓仔湯的現象沒有消失，仍然屢見不鮮。比如在一九九四年的鄉鎮市長選舉中，曾任新竹縣議員的林源和，在先前多次參選屢戰屢敗和眾人的不看好下，仍然再度出馬競逐關西鎮長。像吃了誠實豆沙包的他，數次在不同場合上表示，反正多年來關西鎮始終由地方上的兩大派系角逐，「我出來選

1. 爲了避免「搓圓仔湯」影響選舉公平性，政府立法試圖減緩此風氣。在《公職人員選舉罷免法》九十七條及《總統副總統選舉罷免法》第八十四條中，都有處罰搓圓仔湯行爲的規定，因此被稱爲「搓圓仔湯條款」。

可以防止其他人搓湯圓，大家就可以拿到買票的錢，拿到錢的人可以投給我。」一句話揭露了關西鎮長選舉中派系搓圓仔湯喬位子，以及買票風氣盛行的事實。

但搓圓仔湯的作法並非萬無一失，如果條件沒談好，或者被「搓掉」的人反悔了，「搓圓仔湯」的事情往往就這樣浮上檯面。比如一九九〇年時高雄縣杉林鄉（今高雄市杉林區）的鄉民代表候選人朱彰輝、童忠枝、林德茂因為認為選舉競爭激烈，邀請了當時的鄉長鍾文清，以及地方人士三十多人，浩浩蕩蕩在杉林鄉民眾服務社辦理協調大會。經過協調之後，決議由林德茂支付童忠枝五十萬元本票，作為童放棄參選的條件。鄉長另外答應朱彰輝放棄競選之後，將會聘其擔任公墓管理員。林德茂並承諾眾人：當選之後將支持另一位鄉民代表林劉銀招角逐鄉民代表會主席。沒想到，林德茂選上鄉民代表後卻反悔，沒有按照承諾支持林劉銀招，使得後者落選。受到背叛的林劉銀招心有不甘，便向調查局高雄調查站檢舉，使得整起搓湯圓事件東窗事發。原先只是作為「公親」來協調鄉代選舉的鄉長變成「事主」，被控告介入鄉代選舉，經二審之後，被判刑一年（減刑六個月）、褫奪公權二年，緩刑三年。

為什麼這種分配利益的行為會叫做「搓圓仔湯」呢？有人認為把大家叫來，談條件、安撫摸頭的動作，就好像搓湯圓團子一樣，所以叫做搓圓仔湯。但事實上，搓圓仔湯的行為早在日治時期即行之有年，這個詞彙來自日語的「談合入札」，談合是協商之意，入札則為投標，由於談合（Dangō）與日文團子（湯圓，Dango）發音相近，久而久之台灣人就以「搓圓仔湯」來代稱這種私下協商的行為。

參考資料

①羅際鴻，〈七十不嫌老 林源和要選關西鎮長：戲稱「可防人搓湯圓」〉，《中國時報》，一九九四年十二月八日，第十四版。

②杜雁紅，〈派系作秀，封殺黨外：台南縣長選情分析〉，《民主天地週刊》第三十期（一九八五，台北），頁四八～五〇。

③戴宗德，〈焚國民黨證 陳恆義參選二水鄉長：不滿國民黨提名作業 澄清「搓圓仔」謠言 毅然出馬〉，《中國時報》，一九九七年十二月二十七日，十六版。

④李承鍊，〈朱清發抓賄出擊 降伏五妖 將結合檢警「抓鬼」掃蕩仲介、送禮、買票、搓湯圓仔及膨風鬼倡三不新政策〉，《中央日報》一九九八年一月十日，第十八版。

⑤〈被檢舉介入鄉代選舉搓圓仔湯 杉林鄉長鍾文清判刑一年減刑半年〉，《中國時報》，一九九一年八月二十三日，第十四版。

⑥林純德，〈國民黨中央黨部新大樓今啟用 李主席將親臨茶會致詞「入新厝、搓湯圓」象徵好兆頭〉，《中央日報》，一九九八年十月七日，第二版。

⑦韓國海，〈海渡電廠工程 傳有人有辦法……業者出面說分明：還沒招標，何來圍標？但傳聞有搓湯圓費〉，《聯合晚報》，一九九六年四月十八日，第七版。

⑧劉建仁（二〇一一）。「搓圓仔湯（so-ĩ́-á-t'ŋ）——圍標」，台灣話的語源和理據。（二〇二一年五月十日檢索）。

相關關鍵字頁面——民眾服務社(47)、農田水利會(64)、圍標(226)

出世來做柱仔跤

買兇殺人

陳力航

二〇〇二年十一月十六日中午，台北市陶園餐廳正在舉辦婚禮，新郎的父親是農會總幹事，而身為市議員的陳進棋，不免俗的要到場祝賀一番。然而，他才走到餐廳門口，突然感覺左肩和腰部一陣徹骨的冰涼，在還沒會意過來時，歹徒補上了正中心臟的第三發子彈，接著跨上機車逃逸無蹤。

陳進棋中槍倒地緊急送醫，因為多處槍傷導致骨折，加上內臟出血休克，在下午三點宣告不治。這一天，距離二〇〇二年的議員選舉投票日僅剩十一天，陳進棋命案背後，究竟有什麼樣的選舉利益糾葛呢？

槍殺陳進棋的人，名叫董智泰，是天道盟太陽會的成員，曾潛伏在柬埔寨，因缺錢而返台。他在被捕後供出幕後藏鏡人，就是北投豐年里里長陳朝琴。陳朝琴是被害人陳進棋情同手足的好友，過去陳朝琴選里長時，陳進棋還出錢力挺，而陳朝琴也成為陳進棋重要的幕僚。那麼，如此密切的關係，為何會生變呢？

讓陳朝琴動起殺機的原因，就是這一年的議員選舉。已經連任多屆里長的陳朝琴想更上一層樓，直攻議員寶座，但現任的陳進棋卻不願意讓出位置，為此兩人日漸交惡、水火不容。不只如此，殺手董智泰也十分怨恨陳進棋，他認為陳進棋時常仗著市議員的身分欺壓他人，舉例來說，董智泰的友人曾因桶裝瓦斯市場的糾紛，與陳進棋在服務處談判，雙方一言不合就開槍，看在董智泰的眼裡，陳進棋就是一個地方惡霸。

董智泰除了對陳進棋觀感不佳之外，他自己也需要錢。在得知陳朝琴想要除掉陳進棋的意圖後，董智泰隨即向陳朝琴表示，自己有意至陳進棋的競選總部開槍，藉此打擊陳的選情。雖然董智泰的建議是投其所好，但陳朝琴聽聞後，只要董智泰不要再提此事。即使陳朝琴想要斷了陳進棋的連霸夢，但此事事關重大，一不小心就會敗露，也需要進一步的討論。不過，利益的糾葛，卻也讓陳朝琴越來越篤定：一定要讓陳進棋「無去」[1]（bô-khì!）

某日，董的友人鄭健逸詢問陳朝琴最近有什麼生意可做，陳朝琴說，近來有一種土方回收公司[2]，利潤非常高，只要執照下來，找到合適的地點，就可以開工。陳朝琴還說，若能拿到社子島的開發案，整個案子金額是五百億元，光是土方的價格就三百億。如果三人只拿百分之一，各可分得三億，光是一個案子，就可供他們一輩子不愁吃穿。但是，擋在這個案子之前的，不是別人，就是陳進棋。陳進棋申請的土方資源回收再處理公司，已經快要核准，前面提到的這些利益，都會歸他所有。更重要的是，土方、廢土回收場的設立，要經過地目變更、環境污染和水土保持評估的程序，而陳進棋依恃議員身分奔走協調，能夠比外人更快的通過層層審核。如果可以除掉陳進棋，不僅市議員的位置，這些多達數億元的暴利，也必將歸他所有！

陳朝琴為什麼會有這種自信，或許只有他自己清楚。董智泰在得知了陳朝琴的意圖後，手頭正緊，又怨恨陳進棋的他，便自告奮勇擔任殺手。董智泰在犯案之前，為尋找適當的下手時機，曾到陳進棋的住處與競選總部觀察，卻苦於找不到適合的時機。而急欲斬除選舉阻礙的陳朝琴，則不斷催促他快點下手。最後，董掌握到了陳進棋將參與喜宴的消息，陳進棋最終仍無法逃過厄運，命喪槍口之下。

董智泰殺掉陳進棋後，透過中間人先後拿到數百萬。此時，警方也開始展開調查，在取得董智泰的作案工具之後，於二〇〇三年將董智泰拘提到案。最後，董智泰遭判處無期徒刑，陳朝琴則判刑十五年，並於二〇一三年假釋出獄。

在台灣參加選舉，需要付出龐大的資金，撇除最後獲得勝利的少數贏家，大多數的候選人都白白的浪費鉅額支出，甚至血本無歸。即使如此，下次選舉，還是有另一批野心勃勃的人投入選戰之中。這是為什麼呢？撇開本身的政治理想不談，光是具有民代身分，就可為自身帶來龐大的利益，陳進棋即為一例。在前面的故事中，陳朝琴、陳進棋等人爭奪的土方資源場，是專門處理營建廢土的地方，雖然土方業的利潤可以高達十幾億元台幣，但一座資源場的設立，背後要經過政府的土地徵收和地目變更，還可能面臨附近住戶的抗

1. 台語指「把他殺死」之意。
2. 營造業在進行建築或其他工程挖地基時所挖出的土，需要交給特定的業者去運輸處理，此即爲土方業。此外，承包河流、水庫疏濬清淤工程的業者，也算是土方業的範疇。

爭反對，如果沒有民代從中疏通、協調，要成功核准營運可說是困難重重。對於陳進棋來說，土方場獲利雖大，然而，為了下次選舉的龐大開銷，這隻金雞母說什麼也不能放手，卻也為他招來了殺生之禍。

參考資料

①〈台灣士林地方法院九十二年重訴字第四號刑事判決〉。
②〈最高法院九十三年台上字第五四三〇號刑事判決〉。
③劉文淵（二〇〇二）。【黑道槍手殺議員三】 陳進棋死後他還披麻帶孝跪公園 幕後眞凶竟是最親的麻吉。(二〇二一年三月二十九日檢索)。
④時事焦點 議員之死黑道爲廢土暴利逞凶（二〇〇二年十一月二十日）。(二〇二一年五月二十七日檢索)。

相關關鍵字頁面——**黑道**(102)、**紅白帖**(166)、**土地變更**(221)

出世來做柱仔跤

政見發表會

不管他！講爽了再下台！

吳昌峻

政見會上，台上的候選人說得口沫橫飛，儘管已經超時了，監選委員卻無法讓激情的候選人停下。台上的候選人說著美好的願景，台下的觀眾掌聲如雷，競選辦公室也人山人海，甚至因為政見會的表演太過於吸引人，導致當地的電影院生意蕭條。在熱鬧的政見會上，候選人看似就是民心所向的那一位，殊不知這一切都是用錢堆出來的……。

政見會要能成功，除了推出像樣的候選人、有搬得上檯面的政見，還要有夠多、夠熱情的「聽眾」。若沒有聽眾，政見會將變成暗示候選人不能適任、無法匯聚民心的出醜之地。為了防止這等糗事發生，害怕無人到場的候選人聘請「鼓掌隊」幫忙自己拉抬聲勢，並在政見會的競選辦公室設立「流水席」，招呼、吸引民眾參與。「輸人毋輸陣，輸陣歹看面」1，政見會正是展現「氣勢」的場合，而氣勢是可以用「買」的，候選人想要哪一種等級的氣勢，端看他願意給出怎樣的價碼。實際上，自解嚴前不久的報導，已可見助選成為一種「行業」。讓我們藉由一九八三年《聯合報》記載的助選「價目表」，揭露「助選行情」的內幕。

由於一般的聽眾不容易自己鼓掌，因此競選團隊會將「鼓掌隊」分布於舞台前方。當候選人講到激動之處，鼓掌隊的領隊一鼓掌叫好，隊員就會使勁地鼓掌、炒熱氣氛，進而帶動其他聽眾的熱情。鼓掌隊的人數，從數十人到一、兩百人不等，價碼一場一人約兩百元。競選團隊通常還會聘請人員發放傳單，工資一天約五百到六百元；若聘請夜校生打零工發放傳單，工資則會降到兩百到三百元。此外，在競選辦公室準備流水席的廚師、宣傳車與備用車的司機與播音員，工資大約都在數百至一千元不等。因為通貨膨漲，一九八三年的新台幣價值大約比現在多了一倍，[2]也就是說，以目前幣值計算，當時參與「鼓掌隊」的人一次可以賺三百到四百元，而擔任流水席的廚師以及開競選車的司機，一次則可賺近兩千元。一九九〇年後，「鼓掌隊」的價格水漲船高，顯然這種特殊「行業」有逐漸興盛的趨勢。

一九九一年，《中央日報》記者將候選人參加政見會的狀況分為四級。第一級是請了相當多「鼓掌隊」的候選人。這些專業聽眾會配合台上的情況拍手、附和，當候選人下台時，他們會全體起立，並簇擁著候選人離開會場。第二級是聘請了數位助選員的候選人，聲勢雖然不大，但多少能有些效果。第三級是沒有請助選員的候選人，他們在台上演講完後，得自己到台下發傳單，還可能跟別人共用競選辦公室。第四級是最慘的候選人，他們根本就不會出現，政見會上完全不見蹤影，彷彿沒有參選一樣。根據報紙報導，要有好的助選效果，候選人每天要花上萬元請人助選，只要候選人肯花錢，便可以打造一支充滿「人氣」的競選團隊，可見「氣勢」真的可以花錢買到。此外，自辦政見會的候選人還會辦野台戲或是演唱歌曲以娛樂群眾，當時甚至還有「政見會高朋滿座，電影院門可羅雀」的新聞。

一九八〇到九〇年數量急遽攀升的政見會，挾帶著歌舞、流水席等吃喝玩樂，匯聚民氣與人潮拉抬聲勢。財力不足的候選人，無法負擔播音員、鼓掌隊等每天高達上萬元的支出，在激烈的競選中，便落入下風。二〇〇〇年後，自辦政見會次數下降，競選團隊更熱衷於依據《集會遊行法》申請場地的大型造勢活動。大體上來說，形式更為開放的集會遊行在二〇〇〇年後取代了自辦政見會。由政府舉行的公辦政見會，亦因為效果不佳，一九九六年除了總統選舉已改採電視政見會之外，中選會決議未來的省、市長選舉將改為電視政見會，其餘公職人員的公辦政見會則全部取消。興盛一時的政見會，在二〇〇〇年後已風光不再。近年來，台灣進入網路時代，匯聚民氣的方式已不僅限於實體的造勢活動，台灣民主政治參與的形式，又再一次發生轉變。

---

1. 台文及音讀爲：「Su lâng m̄ su tīn, su tīn pháinn-khuànn bīn.」此台語俗語的意思爲，輸給某人沒什麼關係，但在那麼多人中，如果排在最後就很難看了。鼓勵人奮發向上，不要落於人後。
2. 此處對照時間爲本文完成時，即二〇二一年三月。

李人好
咟
咟
咟
咟
咟
咟
咟
咟
咟
咟
咟

參考資料

① 〈鑼鼓鞭炮沿街先行 王寵鈞政見會宣傳聲勢浩大 監選委員阻止未果 選委會今天將研商如何處理〉，《中央日報》，一九八一年十一月八日，第八版。

② 〈競選總部 競選要花錢 助選有行情 流水席開個不停 鼓掌的論場算錢〉，《聯合報》，一九八三年十一月二十七日，第三版。

③ 行政院主計總處：消費者物價指數。（二〇二一年三月二十六日檢索）

④ 游登茂，〈《傳聞》鼓掌部隊 每人「日薪」一千〉，《聯合報》，一九九三年十一月十九日，第五版。

⑤ 〈政見會高朋滿座 電影院門可羅雀〉，《中國時報》，一九八〇年十一月二十六日，第三版。

⑥ 蘇采禾，〈政見會夾雜野台戲 候選人困擾監察員 競選活動花招紛紛出籠 民主之爭面臨重重考驗〉，《中國時報》，一九八一年五月三十日，第七版。

⑦ 馬溫妮，〈場地洽借不易 觀衆稀少 候選人參與意願低 選務人員建議取消公辦政見會〉，《中央日報》，一九九四年十二月十八日，第十三版。

⑧ 張瓈文，〈中選會決議：最高票落選者將可遞補 除省市長改採電視政見會 公職人員選舉公辦政見會將取消 對候選人捐贈上限大幅調高〉，《中國時報》，一九九六年八月十四日，第四版。

⑨ 鄭緯武，〈候選人負擔重每天開銷數萬 播音員鼓掌隊飯菜香菸茶水樣樣需要錢〉，《中國時報》，一九九一年十二月十四日，第十四版。

⑩ 〈「鼓掌隊」可分爲四級 候選人財力最佳指標〉，《中央日報》，一九九一年十二月十五日，第六版。

相關關鍵字頁面——流水席 (138)

斬雞頭

莊岳燊

一九八九年台南縣長選舉，民進黨派出留學日本，頂著東京大學博士學歷的李宗藩挑戰現任國民黨縣長李雅樵。隨著選戰進行，一開始被看衰的李宗藩民調竟然逐漸逼近，原先被認為「穩贏」的李雅樵，壓力也越來越大。投票前夕的一場政見發表會，先上台發言的李宗藩邀請李雅樵到台南玉井的北極殿「斬雞頭」發誓不買票，李雅樵卻不想受李宗藩指揮，覺得在發表會現場發誓就好了。但李宗藩認為這樣不夠正式，一定得斬雞頭才行，強迫李雅樵得一起去，兩人搶麥克風、拉扯，雙方支持者也跟著湧上候選人身旁「護駕」。在一陣混亂中，被逼急的李雅樵脫口罵李宗藩。

你去日本，難道是學斬雞頭這一套回來的？

在東京大學拿到農學博士的李宗藩也不甘示弱的大喊：

李雅樵說不買票的，如果買票，就打死他！

最後，在警察幫忙下，李雅樵總算脫困，結束這場失控的發表會。李宗藩堅持的「斬雞頭」究竟是什麼呢？這種儀式在中國南部和台灣都曾十分普遍，過去如果遇到兩方爭執，調解失敗，當事人就會帶著一隻公雞到廟前表明清白，在神明見證下，發誓如果說謊，自己就會家破人亡，絕子絕孫，像公雞一般受到宰殺。最後，立誓人一刀砍下，可憐的公雞瞬間一命嗚呼、身首異處，整個儀式就完成了。

由於過去人們相信神尊會嚴懲有罪者，發誓的人往往不敢說謊、違背誓言。這種讓嫌犯承受巨大壓力的心理審查，在早期社會缺乏完善鑑識、審理制度的情況下十分流行。一九五〇年代，政府舉行國府遷台以來的第一次地方選舉，人民對政治參與的熱情隨之逐漸增加。但由於當時選舉總是充斥著買票、賄選、貪污等醜聞，到了一九七〇年代時，就有候選人為了證明自己清白、不收回扣，把斬雞頭活動引進選舉之中。原本用來解決糾紛的習俗，從此搖身一變，成為選戰的一環。

只要有候選人要「斬雞頭」，廟口前總是會聚集滿滿的人潮。好奇的人們一方面見證候選人義正嚴辭的發誓絕不買票，一方面也想看公雞被斬首時羽毛四散，充滿戲劇性張力的精彩畫面。漸漸的，這種可以招來大量群眾的活動逐漸失去了原本誠心發誓的本質，成為候選人用來政治宣傳的大好場合，甚至連當時的報紙都調侃「一到選舉，雞商就笑開懷」，諷刺斬雞頭頻率之高。

不只如此，這種以宗教約束候選人的方式開始逐漸變質。一九九四年的苗栗縣議員和鄉鎮市長選舉，許多候選人竟然請出神明「見證」，確保「搓圓仔湯」搓出的同額競選結果不被推翻，還有候選人們在神明面前協議買票金額，規定大家都不能破壞賄選行情。種種離譜的行徑，加上發誓活動的浮濫，選民漸漸失去對候選人的信任，斬雞頭變成了一個作秀成分居多，不再有公信力的活動。

隨著越來越多輿論批評砍雞頭過於血腥、殺害動物，進入千禧年時，幾乎已經看不到候選人動不動就要斬雞首立誓了。然而，在選舉頻繁的台灣，志在勝選的各路人馬，仍然盡可能的開發更多選舉招數，提升曝光度吸引選民的注意。一九九二年的高雄市立委選舉，國民黨候選人陳哲男在選情告急下，於投票日前一天跪在宣傳車上，在高雄街頭遊行，以悲情形象博取選民支持，最後以不到一百票的差距驚險勝出。[1]二〇〇八年大選，國民黨籍的立委候選人侯彩鳳則因為不滿民進黨籍的對手指責她買票，在選前一天剃光頭明志，宣稱「把女人最寶貝的頭髮剃光光，以證明自己沒有賄選」。在總統候選人馬英九的陪伴下，在場的民眾無不感動落淚，侯彩鳳也在隔天順利連任。

在廟前殺雞發誓雖然已不常見，宗教的力量依舊在選舉中扮演重要的角色。時至今日，道教、佛教仍是台灣的主要信仰，參拜宮廟成為許多候選人尋求信眾支持，提升選民認同感、親近感的方式，而政治人物在廟宇所做出的重大宣示，也多被地方鄉親認為具有效力。在二〇一四年的竹崎鄉長選舉中，泛綠陣營因為內部喬不攏而導致候選人難產，兩位候選人曾亮哲、王焜弘在不願退出選舉的情況下，決定前往當地的廟前「擲筊」，最後王焜弘以四比三勝出，成為民進黨支持的候選人，落敗的曾亮哲也表示願賭服輸，放棄競選鄉長。這些例子，都說明了傳統宗教龐大的影響力和公信力，讓候選人們絲毫不敢輕忽。

要從激烈的選戰脫穎而出，並不能只靠完整的政見或漂亮的學歷。擁有勵志成長故事、或是在演講台上侃侃而談，充滿自信的候選人，常常能讓選民留下深刻的印象，在投票時起到加分的作用。然而，我們也必須思考，當候選人開始把這些與政治職位無關的內容包裝成競選主軸、或是在投票前夕大肆放送時，選舉的焦點是否會因此模糊，讓民眾不再注意真正重要的政見、經歷了呢？下次，當我們在投票時，應該繼續考量這位候選人有沒有頻跑宮廟，參加大大小小宗教活動嗎？或是同情他被人抹黑，犧牲形象搏命演出呢？又或者，我們應該更注重他出席政府會議的頻率，以及他所提出的政策和願景？這些問題，就留給你們思考，尋找解答了。

1. 陳哲男因爲在立法院提出「一中一台」主張，被指違反黨紀，而於一九九二年十一月二十七日遭國民黨開除黨籍，並在其後加入民進黨。

參考資料

① 方瑞洋，〈發誓不買票 強邀斬雞頭〉，《中國時報》，一九八九年十一月二十九日，第四版。

② 康豹，〈漢人社會的神判儀式初探：從斬雞頭說起〉，《中央研究院民族學研究所集刊》第八十八期（二〇〇〇，台北），頁一七三～二〇二。

③ 張強，〈候選人開倒車作法 民主之恥〉，《中國時報》，一九九四年一月二十五日，第十四版。

相關關鍵字頁面——**宮廟**(92)、**搓圓仔湯**(106)、**政見發表會**(115)

出世來做柱仔跤

椿腳

莊岳燊

一九九一年，台灣舉行第二屆國大代表選舉，但這場選戰卻意外讓當時的小吃店和流動攤販受到波及，生意直直落。究竟這兩個看似完全沒有關連的事件是怎麼發生的？一名當時的中國報記者給出了解答：

選舉活動開始後，各候選人在各地展開各種拉票活動，除各候選人服務處每日備有三餐流水席供應外，各候選人的「椿腳」也以請客吃飯方式拉攏人心。

每天從早餐到晚餐都可以吃免錢的，也難怪一般做生意的店家一點競爭力都沒有了。如果吃膩了這家候選人的菜，或許也可以換換口味。一名當時的受訪者是這樣說的：

既然有人叫吃飯，不去吃不好意思，因為會被以為不支持才不去吃。今天吃這家，明天吃那家，雖然要跑些遠路，但十幾天下來，也可以省下不少三餐費用。

為了競選，候選人連續準備十幾天的流水席任君挑選，這在今天實在是非常難以想像的盛況。在當時的台灣，許多候選人贏得選舉的重要關鍵不是受人歡迎的形象或有建設性的政見，而是透過像上面新聞中樁腳請客吃飯的動員或是違法買票。

那麼，候選人是怎麼找來這些樁腳的呢？舉凡農會、漁會、宮廟等組織，或是候選人後援會，都可以是樁腳的來源，而主掌農漁會的總幹事、宮廟的董事長、後援會會長等，就是所謂的「大樁腳」。這些大樁腳再將工作（統計支持者數量、分送買票經費等等）分配給下面的人分頭進行，也就是「小樁腳」。我們拿農會來舉例：從農會中層級最高的總幹事，到理事、監事，再往下的會員代表乃至於最基層的會員，一個像金字塔一樣的樁腳系統就這樣成形了。

樁腳最重要的目標就是爭取最多的選票，而他們爭取選票的方法有幾種。第一種就是透過各種關係，親朋好友，吃飯交流，說服樁腳周遭的人支持自己推薦的候選人。假如遇到沒辦法說服的人呢？那麼就找另一個跟他更親、更有力、更有可能讓他變心改變投票選擇的樁腳來幫忙。樁腳在拉攏支持者的同時，也會統計究竟有多少人會在選舉日當天去投給他負責的候選人（俗稱：會「入」與否），進而評估選情。至於第二種爭取選票的方法，就是買票。事實上，這才是大部分樁腳最主要的工作。

就像前面所說的，早期的選舉，許多候選人並不以政見、意識形態作為主要訴求，而是比誰買票買的成功、買的徹底。也因此，優質的樁腳便成為各路候選人爭搶的對象。為了讓買票效果最大化，這些樁腳還要經過一些條件篩選。

首先，樁腳過去最好不要有侵吞款項的不良記錄，否則還沒開始買票，錢就先被樁腳收進口袋裡了。再來，樁腳自己也要對候選人和候選人政黨有足夠的認同感。社會聲望和樁腳的年齡也是考量的因素，在當地越有名望，或是越年輕的樁腳，通常更受到青睞。這是因為，樁腳在地方上負有聲望，鄉親自然容易聽他的建議，投給特定候選人，而年紀較輕的樁腳，通常會比較積極。

為了確保買票過程不會被檢舉，或防止樁腳私吞買票錢，一個樁腳負責買票的人數最好盡可能的減少。分工越細密，就越容易成功。這是為什麼呢？如果一個買票的樁腳只負責三到五個人，他們通常會是他的家人或左鄰右舍。這些和樁腳關係最親密的成員，通常不會出賣他。此外，一個樁腳負責少數人的買票工作，一旦有人沒拿到錢，馬上就能知道是哪個樁腳的問題，這麼一來，樁腳也就比較沒機會「暗崁」[1]，把一部分買票錢收為己用。

一般來說，樁腳在幫忙拉票、買票的過程中，會得到一些「工作費」、騎車來往的油錢或「催票費」，但除了這幾筆數量不多的酬勞之外，樁腳就沒有其他補貼可以拿了，有時候甚至還要自己貼錢。但是，憑藉著以後可能會有求於自己支持的候選人（當選人）幫忙喬病床、關說違停罰單，許多人還是欣然擔任樁腳，幫忙奮力拉票了。

就算在今天，每逢選舉我們還是會時不時在新聞中看到幾個買票賄選被抓的案例。然而，在社會經濟成長，所得增加，人們也越來越容易接受到資訊的今天，我們也比較不會因

1. 台文及音讀爲「àm-khàm」。意指將好東西或好處私藏起來，不讓別人知道。

為幾百、幾千塊而被收買。不過，即使組織日趨鬆散，在台灣的許多地方，還是有樁腳持續存在著。下次當你過節回到老家時，或許可以打聽看看，可能就會有家人認識的樁腳住在附近呢。

參考資料

① 王金壽，〈國民黨候選人買票機器的建立與運作〉，《台灣政治學刊》第二期（一九九七，台北），頁三～六二。

② 〈候選人、樁腳頻請客 拉攏人心 筵席處處有 小吃店度小月〉，《中國時報》，一九九一年十二月十三日，第十五版。

相關關鍵字頁面——**賄選**(129)、**流水席**(138)、**黑金政治人物**(155)、**關說**(200)

出世來做柱仔跤

賄選

莊岳燊

只要在選舉前夕，新聞報導時不時就會有幾則關於「賄選」的標題，但是幾百塊買票的賄選情形，和千禧年之前的台灣相較，根本是小巫見大巫！為什麼這麼說呢？

高雄市北區在三年前立委選舉中，被視為賄選相當嚴重的選區，今年受到經濟不景氣的影響，過去從四、五月間就開始分送手錶與戒指的情況已不復見。一位地方輔選幹部笑稱，以前舉辦摸彩活動的獎項極為豐富，一字排開的都是勞力士錶、電冰箱、電視機等昂貴禮品，如今最大的獎若不是腳踏車，就是電風扇。

這篇一九九五年的新聞報導中，候選人和樁腳挨家挨戶送戒指、送手錶，在競選活動抽冰箱、抽電視，這樣的景象從今天看來，實在是十分不可思議。然而，這正是台灣賄選、買票行為極盛時期的真實縮影。

台灣過去的賄選情形究竟有多嚴重呢？一九九八年，台灣高等法院花蓮分院審理四年前縣市議長賄選案，法官提出了一個令人錯愕的緩刑理由。法官認為：

……由於歷史，社會的外在環境之制約，賄選幾成吾國選舉文化之一，則致成為政治人物之假性規範……其可責性，在政治改革前，本屬不大……

這段話的意思是說，當時賄選的普遍程度，已經成為台灣選舉文化的一環了。既然大家都在賄選，那麼在政治有所改革之前，賄選不應該受到如此嚴重的責備。台灣在開放各項公職選舉之初，由於缺少反對派競爭者，幾乎都是國民黨候選人的天下。在政黨相同的狀況下，候選人的意識形態並不會有太大的差異，許多候選人甚至根本沒有具體的政見，當然也不會有從政理念或抱負，選民因此產生出了一種「選誰都差不多」的心態。為了在選舉中脫穎而出，候選人便開始賄選，試圖以金錢利益誘使選民投給自己。其中，最有效率的方法便是買票，候選人透過樁腳在選舉前後交給選民現金，指示他們要投票的對象，這樣的流程稱作「洗」，當一個樁腳說道：「這區已經全部『洗』過一遍了」，就代表他所負責的範圍都已經買好票了。除此之外，像前面例子中，提供手錶、戒指，這種用財物影響選民投票的作法，也是賄選的一種。

為了展現對選民的「誠意」，候選人所提出的買票金額開始水漲船高。買一張票，低至五百元，高到一、兩千塊的都有。選舉階級越高，買票、賄選需要準備的金錢就越多，舉例來說，一位參加一九九二年立委選舉的候選人為求當選，光是買票的金額就準備了將近一千萬元。為了負擔如此驚人的花費，有些候選人透過農會、農田水利會或是漁會的人頭超貸，有些依靠財團支持，有些候選人則本身就是家財萬貫的企業老闆。

當一場選舉，動輒耗費超過千萬，甚至有大撒破億資金也在所不惜的參選者出現時，為什麼候選人們仍然繼續加碼買票、賄選，一定要抓住那一絲絲的當選機會呢？

這是因為，一旦成功獲得政治職位，利用權力所創造出的利益，最後一定會大於買票賄選成本：縣市首長、議員能影響土地名目變更，增加土地價值，牟取暴利；受到財團支持的民代，能做出有利於金主的提案、政策，或將工程以綁標[1]等手段，發包給有利於自己的廠商，再收取回扣；擁有黑道背景的候選人，藉由當選確保自己不會受到警察的騷擾，繼續毫無顧忌的經營非法產業。從選民的角度來看，既然候選人當選之後，大多都利用權力圖利、貪污，那麼他們在選舉時買票賄選的經費，想當然爾也一定是不義之財。選民手裡拿著鈔票時，不但不會感到愧疚，或許還覺得理所當然呢。

面對猖獗的賄選問題，我們當然不能像花蓮高等法院的法官，消極的認為這就是台灣的「選舉文化」。如果候選人心中所想的，都是在當選之後要怎麼「賺回來」，人們要如何期待政府會做出對公眾有利的施政？不只如此，那些懷有政治熱情，卻沒有足夠資金，或不願依附特定金主的候選人，在賄選氾濫的社會，更不可能有進入政壇的機會。

隨著黨外勢力持續茁壯，以及民進黨等反對黨陸續成立，人們在投票時，開始有了不同

1. 綁標，意指承辦政府採購的官員或廠商，在招標文件中對於廠商資格、技術規格或其他條件等，訂定不利競爭的條款，如此能排除其他投標的廠商，圖利特定廠商。但這可能會造成標案費用增加等負面影響。

的選擇。反對派所訴諸的理念和政策，獲得部分民眾支持，有些選民「一手拿國民黨的買票錢，一手投給民進黨」，使得賄選的效益大打折扣。而當時許多黨外、民進黨候選人為了當選，不斷主打其清廉形象，並主動檢舉賄選，打擊國民黨選情，同樣讓新台幣賄選不再靈通。更重要的是，選務機關對於反賄選觀念的持續宣導，和積極的查賄行動，使台灣選舉賄選比例持續減少，人民也終究能遵循心中的想法，投下手中神聖的一票。

參考資料

① 張瑞昌，〈反賄選聲勢減弱 黑金攻勢暗潮湧〉，《中國時報》，一九九五年十月三十日，第二版。
② 黃瑞華，〈審判獨立別變成審判獨裁〉，《司法改革雜誌》第十三期（一九九八，台北），頁二十二。
③ 陳國霖，《黑金 台灣政治與經濟實況揭秘》（台北：商周出版，二〇〇四）。
④ 詹碧霞，《買票懺悔錄》（台北：商周出版，一九九九）。
⑤ 林家琛，〈立委選舉期間 準備近千萬元買票 還沒發出就被查扣 投票行賄罪不罰預備犯 吳東昇等七被告 不起訴〉，《聯合報》，一九九三年六月三日，第七版。
⑥ 王金壽，〈國民黨候選人買票機器的建立與運作〉，《台灣政治學刊》（一九九七，台北），頁三～六十二。

相關關鍵字頁面——**人頭會員**(68)、**農會超貸**(72)、**樁腳**(125)、**黑金政治人物**(155)、**土地變更**(221)

選舉六合彩

莊岳燊

說到賭博，大部分人的經驗幾乎都是過年玩撲克牌、打麻將，或是偶爾買張大樂透試試手氣，即使輸錢損龜，也沒什麼大不了的。但在一九八〇年代的台灣，全國上下對賭博的熱衷可以說是到了瘋狂的程度。以一九八六年為例，那時台灣大概有三百萬人投入賭博，每個月押注的總金額高達數億元，其中雖然有少數一夜致富的幸運兒，更多的卻是沈迷到傾家蕩產，跑路躲債的例子。

當時人們最熱衷的遊戲，就屬大家樂和六合彩了。其中，六合彩在一九八八年由香港引進，頓時讓全台灣陷入博弈狂熱。目前六合彩基本的玩法是這樣的：每次開獎，由一至四十九的號碼中，隨機出現六個作為中獎號碼。玩家如果選擇一個號碼，叫做「全車玩法」，若選擇兩個號碼，稱為「二星玩法」，選擇三個則是「三星」，以此類推。玩家選擇的號碼和開獎號碼相同，就是「對碰」，也就是中獎了。[1] 一般六合彩的開獎過程，就是看著電視畫面裡彩球不斷翻滾，跳出一顆一顆的中獎號碼，全憑運氣而定。

六合彩玩法非常簡單，只要中獎就能回收高達數倍的獎金，讓許多人一心做著發財夢不斷投注。沒想到，這股風靡全台的熱潮，竟然和選舉結合，一變成為特殊的「選舉六合彩」（或稱選舉大家樂，指稱的是一樣的東西）。

台灣在開放選舉以來，為了杜絕賄選，查賄工作越來越積極，有些候選人、樁腳為了規避買票的嫌疑，便和六合彩組頭合作，使得選舉六合彩應運而生。選舉六合彩的玩法和原本的六合彩玩法有點不同，由候選人的樁腳讓民眾簽賭，賭這位候選人會當選。拿實際的例子來說，民眾簽一支牌兩百元（繳交兩百元的簽賭金），賠率以一比十計算，如果該候選人最後當選，就能贏回兩千元，也就是十倍的獎金！

對於候選人來說，這種「改良版」六合彩能有效的提高勝選的機率。簽賭的民眾為了拿到十倍的彩金，無不賣力的幫候選人拉票。如果順利一舉翻轉選戰，候選人賠錢賠的心甘情願，即使不幸落選，候選人至少收到賭金，不無小補。跟普通的六合彩比較，選舉六合彩贏錢的機率，掌握在簽賭民眾手中，只要多拉一票，贏回本的機會就大一些，比起被動的買票拿錢，選舉六合彩多了一種「命運操之在己」的刺激感。連當時的記者都形容選舉六合彩魅力無窮：「凡事帶點賭味，看選舉會好看得多」！

這種賭博所帶來的快感，使得選舉六合彩能比買票更有效率的動員選民，即使被抓到，刑責也比買票輕。在一九九三年，六合彩賭博組頭的刑責只有三年以下，如果判刑六個月以下還

---

1. 現今六合彩玩法和過去比較已有相當變化，本文所採用的是二〇二一年香港馬會獎券有限公司所公告的六合彩規則。詳見香港馬會獎券有限公司網站之〈六合彩簡介〉。

可以易科罰金，但是買票刑責是五年以下，也沒辦法易科罰金。除此之外，候選人用選舉六合彩賄選，可以把責任推給組頭承擔，這麼一來就可以避免自己遭受「當選無效」的處罰。

但是，這種對候選人「好處多多」的新發明，也有一些問題。如果候選人之間民調差距太大，選民自然沒有動力參與簽賭。再來，這種選舉賭博，還需要組頭為候選人操盤，如果候選人沒有組頭相挺，選舉六合彩也很可能辦不成。最後，候選人如果勝選，需要發給民眾鉅額的彩金，如果本身財力不夠，就沒跟選民對賭的本錢了。

讀到這裡，你有沒有發現什麼奇怪的地方呢？就像前面記者所形容的，候選人民調因為選舉六合彩的影響不斷拉鋸，固然精彩刺激，但這些奮力拉票的選民心裡想的，根本不是候選人的政見和能力，而是自己能不能贏錢！這麼一來，投票的意義就完全消失了。不只如此，候選人敢和選民對賭，背後資本必定不容小覷，那些比較窮、不願意隨之起舞的候選人，當選機會便大大降低。從另一方面來看，候選人砸了這麼多錢選舉，當選後一定得找方法賺（貪）回本，這樣的政治人物，怎麼可能讓人期待會有所作為呢？

一九八〇年代大家樂的熱潮，隨著愛國獎券暫停發行而被六合彩取代，[2] 一九九九年台灣開始發行公益彩券，讓民眾有合法管道賭博，六合彩也隨著警方大力掃蕩，在步入千禧年後逐漸沒落、地下化。「選舉六合彩」的興盛，反映了人們企求一夕致富的投機心理，而這種心態，在賄選嚴格取締的今天，也隨著新聞中不時出現的台彩「明牌」指南，以另一種方式繼續存在了。

2. 一九八六年左右，「大家樂」的風潮開始在台灣蔓延。由於大家樂是以「愛國彩券」號碼爲對獎號，因此政府藉由停止發行愛國彩券遏止民衆對大家樂的沈迷。

參考資料

① 〈大家樂成了社會大賭場 全省約有三百萬人以上 樂此不疲 估計每月押注金額逾數億 新台幣〉，《中國時報》，一九八六年二月二十八日，第七版。

② 劉益宏，〈選舉「六合彩」押聲四起此台灣獨創的政治賭博 也是賄選文化長期累積的結晶〉，《中國時報》，一九九三年十一月十九日，第六版。

相關關鍵字頁面——椿腳(125)、賄選(129)

流水席

莊岳燊

紅色的圓桌鋪著塑膠布，上頭擺滿了各式菜色：熱湯中的雞肉和蘿蔔早已燉的軟爛，大封（台灣閩南語，指滷蹄膀）透著油亮的醬色，米糕上面豪邁的灑滿了櫻花蝦，四周還鋪上了五六隻紅通通的紅蟳。飯後除了西瓜葡萄等水果盤，還有抹滿鮮奶油的西點蛋糕……。跟著台灣經濟飛躍性成長的腳步，流水席文化在一九八〇年代開始蓬勃發展。除了婚喪喜慶之外，選舉投票前的辦桌排場，同樣盛大精彩。

一九九三年縣市首長選舉前夕，國民黨以慶祝九十九年黨慶名義，為黨籍台北縣長候選人蔡勝邦以一千七百桌造勢後沒幾天，台南市長候選人林南生就在十一月二十五日舉辦了一場「五萬世紀大餐會」。這場流水席餐會席開五千桌，一舉創下當年選舉紀錄，沒想到還是無法應付前來捧場的支持者。林南生競選總部加訂了七千個便當，又買了兩千五百個點心餐盒，還是全數發完。

根據當時媒體統計，蔡勝邦和林南生大開宴席，一個晚上合計就要花掉一千五百萬台幣。在其他選區，候選人可能會在餐會中加上歌舞表演或小姐脫衣的清涼秀，還要多支出一、兩百萬元。如此龐大的開銷，即使沒計入今日的通貨膨脹，仍然讓人瞠目結舌。

一九九〇年代初期，候選人在競選總部安排流水席，原先只是提供給工作人員的午、晚餐。但有些厚臉皮的民眾，仗著候選人不願意在選舉期間得罪選民的心理，便上門用餐，把辦桌當成節省伙食費的方法。漸漸的，候選人設置的流水席，變成聚集選民的一種造勢活動。民眾前來享受美食的同時，候選人就在舞台上發表政見、舉辦演講，讓選民更了解自己。

但是，這些流水席的規模，卻一場比一場還浮誇。由於選舉辦桌不會發送邀請函，沒有限定參與者身份，候選人沒辦法準確估算一次餐會總共會有多少支持者到場，有時就會發生桌數不足的現象。加上辦桌性質不同於募款餐會，民眾不用付錢，在撿便宜心態作祟下，實際到場的人數往往超乎預期。在一篇一九九三年的報導中，記者紀錄了當時的誇張景象：

候選人辦餐會常引來大批食客，不但坐無虛席，常常還要臨時追加便當、炒米粉、地毯式收購附近食品店的西點麵包；甚至請向隅的民眾到附近餐館飽餐一頓，所費不貲。

如此大肆揮霍，在麵包店掃貨、餐廳包場，實際上卻不一定有提升支持度的用處。就像前面所說的，許多民眾參加流水席，目的只是為了飽餐一頓，省去自炊的麻煩和成本，有些人甚至攜家帶眷，但最終還是不會投票支持。舉例來說，同年選舉，國民黨台南縣長候選人黃秀孟一樣在選前大開宴席，甚至連續舉辦了四場，但民進黨對手陳唐山陣營發動「圓桌部隊」，帶領三千位民進黨支持者到場白吃白喝，酒足飯飽後還指控黃秀孟賄選。

那麼，為什麼還有人要辦這種高花費低效率的造勢活動呢？對候選人來說，在造勢場合有越多人到場支持，就代表自身陣營的「氣勢」越強，能夠塑造出高支持度的表象和選舉熱度；有些候選人或背後金主，則透過鋪張排場，宣告自身實力，傳達給民眾「我就是有錢」的霸氣形象。

但選前流水席的熱潮，經常引起競爭對手質疑根本就是另一種形式的「賄選」。在選舉期間，候選人辦桌請客的同時，不免會尋求民眾的支持，而這種藉提供利益，意圖改變選民投票意象的行為，就構成了賄選。同時，媒體也出現越來越多報導，批評選前流水席帶來的負面形象，形容選舉因此淪為「吃飯比賽」，促使候選人減少這種競選方式。然而，選前辦桌在近年逐漸絕跡的原因，恐怕還是因為這種方式的效果實在太差了——被民進黨陣營發動支持者吃辦桌的黃秀孟，民調仍舊沒有起色。選舉結果，陳唐山奪下百分之五十三的選票，入主台南縣政府。

參考資料

①許丕英，〈五千桌餐會大爆滿 林南生向向隅者致歉〉，《中國時報》，一九九三年十一月二十七日，第十四版。

②張景爲，〈選戰流水席 吃到最高點餐會加上清涼秀 每晚花掉上千萬 選票落誰家心裡有數〉，《中國時報》，一九九三年十一月二十六日，第八版。

③〈競選 大擺流水席 不少民衆飽餐一頓〉，《中國時報》，一九九三年十二月十二日，第十五版。

④〈選舉料理加料 選民最樂 椿腳辦桌好交差 餐飲業者才是最大贏家〉，《中國時報》，一九九三年十一月二十六日，第八版。

⑤〈黃秀孟流水席成話題有人指摘民進黨派人攪局 陳唐山陣營質疑涉賄選〉，《中國時報》，一九九三年十一月十六日，第十四版。

⑥〈台南縣：各候選人總得票數〉，《中國時報》，一九九三年十一月二十八日，第十三版。

相關關鍵字頁面——**政見發表會**(115)、**賄選**(129)

亮票

莊岳燊

如果常常外帶食物的話，不需要多久的時間，就能累積一堆為數可觀的橡皮筋。這些或黃或紅的小圈圈，在我們日常生活中隨處可見，誰的手上或褲子口袋裡有一條都不足為奇。或許看準了橡皮筋不起眼而普遍存在的特點，它竟然也在台灣選舉舞弊史中參了一角。

一九九八年一月二十四日是鄉鎮市長選舉的投票日，各地都有人檢舉賄選，使得全台灣的檢察官疲於奔命。在這些案件裡，彰化市和彰化縣埔鹽鄉的賄選花招，可能是其中最新奇的。依據檢舉者的描述，收錢的選民和樁腳事先約好，選民在圈好選票後，會亮票給特定監察人員過目。監察員確認選民有依照約定投票後，會暗中發給選民一條形式特殊的橡皮圈，選民憑著這條橡皮圈，就能向候選人指派的專員換取一千、兩千元不等的賄款。

新聞中報導的檢舉案，就是所謂的「亮票」。一般的買票作業，候選人樁腳會在選前一兩天把現金交給選民，同時指示要投票的人選。有些候選人，為了確保選民不會拿了自己的錢，卻把票投給別人，就會要求選民亮票。在當時，候選人可以推薦監票人，不像今日的選務人員由地方政府公開招募。候選人和他推薦的監票人，可能是親朋好友、同黨黨員，而推派和自己關係親近的人，使得操作亮票變得更加容易。舉例來說，一九九四年鄉鎮市長選舉，嘉義縣溪口鄉長候選人廖芳珍提出抗議，指當地柳溝村投開票所監察員何建照緊靠投票箱，似乎有「監督亮票」之嫌。這位何建照，就是候選人廖芳珍對手的姪子。他緊靠投票箱站立，可以檢查選民有沒有按照樁腳的指令圈選候選人，同時，也能帶給那些還沒投票的選民壓力，在他的監視下不敢投給其他的候選人。

廖芳珍當然不可能善罷甘休，容許對手可能的作弊行為。她馬上開出自己的宣傳車，在大街小巷用麥克風廣播訴苦：

> 大家快出來幫忙噢！天底下怎麼有這麼可惡的人噢！投票還作弊，大家一定要出來支持芳珍，不要被人欺負了噢……

這樣的做法可能真的造成了對手的壓力。最後，何建照在其他選務人員的建議下，調整站立位置，結束這場亮票紛爭。

由於監票人窺視選民投票容易被人檢舉，亮票的方式也跟著推陳出新。一九九八年十二月五日，直轄市長、直轄市議員、立法委員選舉同時舉行，選前一天，全台各地都接到舉報，指投開票所可能被人裝設針孔攝影機，檢調和警察機關因此加強圈票處天花板的檢查。有些亮票行為，則由選民與樁腳先行談妥，改用折票——也就是在選票的特定位置留下折痕，不但能證明自己沒有跑票，也規避被人抓到亮票的風險。

除了運用心理上的壓力或科技確保買票成效，暴力也是逼迫選民亮票的手段。一九九四年南投縣鄉民代表選舉前，檢察官就接獲民進黨水里鄉黨部主委王秀夫檢舉，指其中兩名候選人以黑道威脅選民亮票，如果不依指示照做，一離開投票所就會被「修理」。王秀夫還指出，四年前選舉時，就有選民因為不配合亮票，一踏出投票所，就被痛毆，還有人的車子因此被砸。這麼恐怖的黑道監票，選民恐怕連金錢收買都不需要，就會乖乖投給指定的候選人了。隔天選舉，警方不敢大意，在投票所外佈以大量警力，防止脅迫亮票行為發生。

這篇文章中關於亮票的檢舉和投訴，最後不是因為警察或檢察官親自到場監督而沒有發生，不然就是在到場蒐證時，已經湮滅證據，沒辦法處罰。亮票的選民和監票人，一查覺有人發現亮票，馬上就會停止行為，也就因為如此，使得一九七〇年代媒體報導開始出現「亮票」一詞以來，真正被抓到的案例屈指可數。雖然亮票手段百百種，但檢警同樣開發出了反制手段，他們在投票所架設攝影機錄影，嚇阻亮票的選民：只要亮票，就會被鏡頭記錄下來，想賴也賴不掉。可以肯定的是，在公民意識日益高漲的今天，願意接受買票的人逐漸減少，這種以橡皮筋換現金的「亮票」故事，想必也將永遠埋藏在舊報紙中了。

參考資料

①鄭滄杰，〈桃園抓賄逮個正著 一人收押一交保：亮票換鈔票 彰化賄聲賄影 檢警查無實證〉，《中國時報》，一九九八年一月二十五日，第四版。

②房慧眞（二〇二〇）。政治家族參選觀察：當政三代套上清新形象，彰化地方派系如何進化？（二〇二一年三月二十六日檢索）。

③〈溪口一監票員緊靠投票箱遭抗議 廖芳珍提異議 主任監察員調整何建照所站位置平息風波〉，《中國時報》，一九九四年一月三十日，第四版。

④蘇正國、陳志賢、范姜豪，〈針孔窺投票 椿腳補習班 警盯：傳投票當天會出現旁門左道刺探選情中選會指示採必要措施〉，《中國時報》，一九九八年十二月五日，第八版。

⑤周庭慶，〈傳黑道介入選舉 脅迫選民亮票：檢方接獲檢舉決派警網至水里新興、車埕兩投票所監控〉，《中國時報》，一九九四年七月十六日，第十四版。

相關關鍵字頁面——**黑道**（102）、**黑道暴力**（188）

做票

莊岳燊

一九七七年十一月十九號下午四點多，憤怒的群眾聚集在中壢警察分局前，對窗戶丟擲石塊。接著，分局前的警察局長、副局長座車被翻倒，玻璃窗被砸個粉碎。到了晚上八點左右，十幾輛汽車和六十多台機車不但被翻倒還起火焚燒，警察分局也被縱火，陷入熊熊烈焰之中……。

這一天，是台灣開放地方自治以來，規模最大，競爭也最激烈的選舉投票日：一共要選出縣市長、縣市議員、台灣省議員、台北市議員、鄉鎮市長五項公職。在桃園，擔任省議員的政壇風雲人物許信良宣布參選縣長，被國民黨開除黨籍，以無黨籍身份對決國民黨提名的歐憲瑜。競選活動開始後，許信良聲勢一路領先，但為了避免國民黨在投票期間做票，使選舉結果翻盤，許信良陣營打出了「做票就是共產黨」口號，並號召支持者挺身而出，到投開票所監票。

來到投票日當天，居住在中壢的兩位年長選民，因爲圈票速度慢，負責選務的監查主任范姜新林便上前關心。這時，邱奕彬和林火煉兩位目擊者發現范姜新林疑似將選民的選票，以印泥抹成廢票，就上前理論，和選務人員發生了衝突。檢察官到場後，下令將選民和證人帶回分局偵訊，范姜則可以繼續執行選務。

這樣的處理方式，讓民眾認為檢察官顯然就在包庇做票行為，他們紛紛湧入范姜新林負責的投開票所，想將他拉出來理論。在場面一片混亂下，警察生怕民眾會攻擊范姜新林，決定把他帶往警局保護，得不到說明的群眾也一起跟到警局外頭，希望范姜出面給個解釋。沒想到，檢察官的處理方式，竟然是將范姜偷偷的從警察局放走，在場的民眾感覺自己根本就被騙了，他們無法忍受檢警從一開始就以雙重標準處理的態度，偏袒站在國民黨這邊的選務人員。在憤怒及失望的情緒下，不滿的民眾開始丟石頭、砸車抗議，這起二二八事件後規模最大的群眾運動「中壢事件」就此爆發。

這件震撼全台的抗議事件，在許信良大勝歐憲瑜，當選桃園縣長後逐漸平息。然而，引爆「中壢事件」的導火線——做票，在之前的台灣選舉史上其實十分普遍。國民黨一黨專政時期，為了確保屬意的候選人當選，無論在黨內選舉，或是一般公職選舉，都經常做票。舉例來說，在一九八九年台北縣長選舉的黨內初選時，高層為了讓自己支持的候選人李錫錕出線，就曾利用黨工在投票時暗中做票。即使在正式選舉日當天，國民黨仍使用同一套方法——這麼一來，不管黨外陣營派出的候選人有多大的威脅性，選舉的勝利十之八九還是會落入國民黨的手中。

國民黨能如此頻繁的做票，原因其實很簡單：一九六〇、七〇年代，國民黨一黨獨大，選舉時的選務人員都是國民黨籍，在大家都是「自己人」的情況下，做票可說是輕而易舉。在

「中壢事件」中，邱奕彬目擊到范姜新林「抹印泥」的手法，就是最普遍的做票手段之一：當一張選票上按有指印時，根據定義就會被認定為「廢票」，因此，幫忙做票的選務人員在開票時，會在手指頭抹上印泥，暗中塗在對手選票上，製造出大量無效的廢票，降低對手得票數。

除了暗中污損選票，台灣選舉史上還有各式各樣的做票花招。其中一種，是由監票人員在選舉當天到還沒投票的選民家中，收取身分證和印章，「代替」選民投給國民黨提名的候選人。部分選務人員，則會在投票時間快結束前，直接在未投票選民的領票欄蓋指紋，假冒民眾身份把票拿去投。這種舞弊方法的實際例子，是一九七五年的立法委員選舉——台北縣選區的石門鄉，投票率竟然達到驚人的百分之九十五！事實上，由於一般選民在投票日可能沒有時間投票、沒辦法回到投票的戶籍地、或因為不支持候選人等種種原因放棄投票，這種超高投票率基本上是不可能發生的。事後，國民黨黨工就承認，高投票率表面上看似是大家都領了選票，實際上反映的，卻是此屆選舉誇張的做票程度。最終，黨外勢力中最有可能當選的郭雨新在國民黨強力做票下落選，郭大受打擊，從此避居美國，不再回台。

至於另一種做票方法，則是在開票中途遇到「停電」。趁著四下一片漆黑之際，把投給特定候選人的選票塞入票箱，或是直接把票匭換掉。為了避免停電影響開票公正性，當時和國民黨競爭席次的黨外候選人，還得隨身帶著手電筒監票，以防止做票。

台灣歷史上最後一次大型做票案，發生在一九九二年的花蓮縣立法委員選舉。這次做票的方法，是由國民黨籍候選人魏木村和其弟弟魏東河收買選務人員，在空白選票上蓋給魏木村，並在旁人沒注意到時，偷偷投入票匭。這種做票方式，是直接拿一疊選票投進票匭，連假借選民身份蓋指紋領票的程序都沒有。因此，當法院重新開箱驗票，這些投給魏木村，多出來的「幽靈選票」，就成了鐵錚錚的做票證據。最後，國民黨候選人魏木村判刑入獄，民進黨黃信介則在重新驗票後當選。

在民進黨等反對黨勢力崛起後，國民黨以做票獲得政權的方法，終究走到了末路。支持不同政黨的民眾更積極的監督投票、開票作業，媒體能不受限制的報導做票新聞，選務人員也不願冒著被關的風險為候選人做票。這些因素，都使得曾經盛極一時的做票，在今日台灣成為歷史遺跡。

參考資料

① 詹嘉雯，〈中壢事件與台灣政治轉型〉，國立中央大學歷史研究所碩士在職專班論文（二〇〇六，桃園）。

② 詹碧霞，〈買票與黑金：讓大家都知道！〉，《買票懺悔錄》（台北：商周，一九九九），頁一一八～一五一。

③ 陳菊（一九九四）。郭雨新與台灣戰後民主運動。（二〇二一年四月六日檢索）。

④ 王伯仁（二〇一四）。中國國民黨「作票」史記。（二〇二一年四月六日檢索）。

⑤ 田德財，〈《花蓮做票弊案／被告說法》做票法／夾帶選票統一圈選 吹風機／透過市管道贈送〉，《聯合報》，一九九三年二月二十一日，第六版。

集體出遊

莊岳燊

一九八六年三月一日，是全台灣縣市議長、副議長選舉的日子。但是，許多當年的新科縣市議員，都在當選後莫名其妙的失蹤，直到這天，才成群結隊的搭乘遊覽車出現，來到議會投票選舉正副議長。

更奇怪的是，苗栗縣的十九位議員從遊覽車下車後，一旁都有專人「保護」。其中有幾個議員，還被兩個人從腋下緊緊抓著進入會場——這儼然就是新聞中常常出現，囚犯被員警押解的畫面嘛！

這究竟是怎麼一回事？

正副議長是由議員相互選舉投票所產生的。為了確保支持自己的議員不被其他競爭者「拔樁」拉走選票，或需要「綁樁」穩固自身支持者，就會使出「集體出遊」的手段，成為台灣早期選舉的一大特殊景象。除了議會外，農會幹部、市民代表會主席等透過代表互選的選舉，都會經有過集體出遊的案例。

所謂的「集體出遊」是這麼運作的：議長、副議長候選人在掌握支持自己的議員選票後，就會出資安排他們在選舉前出門遊玩，而且行程隱密，旅行社、客運公司都會配合不透露細節，往往連議員的家人都不知道他們跑去哪了。這些具有投票權的議員一旦「集體失蹤」，和外界中斷聯繫，其他候選人自然沒辦法向他們拉票。當然，這些議員接受招待遊山玩水，「拿人手短，吃人嘴軟」，選舉時勢必得情義相挺，怎麼還好意思投給其他候選人呢？

但這種拿錢出去玩的行為，明顯就是賄選。為了規避檢警查緝，集體出遊也跟著轉化成其他不同的樣貌。時間來到一九九四年的彰化縣市代會選舉，市民代表同樣在選前一個接著一個的不知去向，不同的是，這次競爭市民代表會主席的候選人為了擺脫賄選的調查，改用「個別出遊」戰術：每一位支持自己的代表，都會由一位助選員或家人陪同單獨出遊，但整個行程都被嚴密監控，防止對手陣營跑來拉票，跟籃球場上一對一盯人防守的概念差不多。相較原本用遊覽車接送，一群人一起行動的團體旅遊，個別出遊比起來沒有這麼張揚，加上大家各玩各的，行程分散，檢調單位蒐證起來更為困難。

同年的南投水里鄉代表，在鄉民代表會主席選前更是吃足了苦頭。過去，有些候選人會大手筆的請鄉民代表出國旅遊，但只要搭機出國，護照上留下的出入境紀錄，就成了鐵錚錚的賄選證據，想賴也賴不掉。而且國外旅遊花費龐大，讓代表會主席候選人決定不再採用將代表送出國的策略。那麼，這些失蹤的鄉民代表們又跑到哪裡去了呢？他們被候選人「藏」在水里鄉的某處，在投票前都不准離開，連出門享受美景美食的機會都沒了。

事實上，無論是集體還是個別出遊，亦或是躲藏起來，這些手握選票的代表、議員，不一定都是心甘情願的。舉例來說，一九九七年雲林斗六市農會選舉前，警方就在當地的一間汽車旅館裡找到二十四個農會會員代表，而與他們同住的人，竟然是黑道！這次選舉，由農會秘書長張杰欽出馬，挑戰已經連任兩次的現任總幹事張嘉一。根據雙方的統計，張杰欽掌握三十七張選票，張嘉一則處於下風，只掌握二十四張，也就是新聞中二十四位可憐的會員代表。張嘉一在苦苦追趕對手，一位代表的支持都不能流失的情況下，只好使出黑道伴遊的辦法，極力穩固僅有的選票。

「集體出遊」發展至此，或許應該要改稱「集體綁架」了。議長、農會選舉競爭到這種地步，背後代表著的是這些職位擁有的龐大權力。以議會來說，議程的順序要怎麼安排是由議長決定，地方政府如果需要墊付[1]中央的補助款，必須經過議會同意，就得依靠議長將議案排入議程中。要是議長遇上不同黨、不同派系的縣市長，就能藉此為難，讓行政機關沒辦法動用經費，吃足苦頭。不只如此，議長還擁有指派如「地價評議委員會」[2]部分成員的權力，如果他所任命的人選代表特定團體利益，無法公正行事，就有可能創造出圖利貪污的空間。至於農會的總幹事則握有農會信用部放款的權力，想要從農會借錢、動用資金，都是總幹事說的算，等於掌握了地方的小金庫。碰上地方選舉，擁有農會會員名單的總幹事更成為了候選人們極力拉攏的大樁腳，足以左右選舉結果。

然而，「藏人」、「綁人出遊」喪失了讓不同候選人拉票、爭取支持的機會，選舉人失去人身自由的同時，也淪為沒有自主權的橡皮圖章。許多候選人尋求當選，目的是藉著職位之利累積金錢及政治資源，而這些招待選舉人出遊的賄選資金，最後還是從他們的貪污所得的來買單，自己一毛錢都不用花。好在隨著查緝技術的進步，這類令人瞠目結舌的選舉亂象，也越來越少出現在地方新聞的角落了。

1. 墊付在此所指的是，地方政府動用法定預算以外的資金，或是使用中央政府核定的補助款。

2. 地價評議委員會負責評議區段地價，委員會若受到外部影響，未能公正的調整土地價格，便可能圖利特定人士或團體。

參考資料

①〈擄人進場 景象很普遍 亮票行爲 桃園最公開〉，《聯合報》，一九八六年三月二日，第二版。

②〈市代會主席爭逐 改採盯人戰術：「效果」與集體出遊一樣 又能掩人耳目 考驗檢調單位查賄能耐〉，《中國時報》，一九九四年七月二十日，第十四版。

③張南詠，〈代表會主席選戰 掌握選票新招：避免觸法吃上官司 「藏匿」代表取代集體出遊〉，《中國時報》，一九九四年七月二十日，第十四版。

④帥稚英，〈黑道壓陣 農會新科代表集體出遊：雲縣調查站於汽車旅館內「獲尋」廿四名農代並查獲多名黑道份子與地方政壇人士 經偵訊後飭回 嘉縣、台中亦傳出集體出遊情事檢方將深入調查〉，《中國時報》，一九九七年二月二十日，第十四版。

相關關鍵字頁面——**農會**(56)、**黑道**(102)、**黑道暴力**(188)

黑金政治人物

莊岳燊

一九九五年十一月十五日，高雄縣議長吳鶴松起了個大早，參加岡山鄰居的喪禮。當吳鶴松結束捻香，正要踏上座車前往下一個地點時，一旁冷不防衝出一名歹徒，不由分說就朝他開槍。吳的司機聽到槍聲，急忙下車要扶他上車，但這時吳鶴松已要害中彈，倒在地上一動也不動……。

吳鶴松在光天化日被射殺的新聞，瞬間佔據了全台的新聞頭條。當時四十五歲的吳鶴松，是台灣地方自治史上第一位被殺害的縣議會議長。事件爆發後，大眾最關心的問題是：究竟議長結下了什麼樣的深仇大恨，竟然當街被連開七槍？

時間回到一九八二年，吳鶴松正準備參加高雄縣議員補選。青少年時期就加入黑道的吳鶴松嗜賭成性，心中一直懷著發財致富的夢想，因為一次在賭局中豪賭失敗，散盡家財的吳鶴松轉而開始從商，先後經營茶行、餐廳、歌廳，漸漸重新累積財富。在黑社會中人脈極廣的吳鶴松，時常被朋友找來幫忙喬事情。有時候，他自己無法應付，轉而尋求當地民代協助，卻老是被拒絕。吳鶴松心想：

找你們幫忙還要看你們臉色，我乾脆自己出來選好了！

沒想到，吳鶴松一舉拿下七千多票，以最高票當選縣議員。兩年後的一九八四年，屏東林邊爆發大型軍火走私案，認識主嫌的吳鶴松被找來協助偵辦，自己卻被同年掃除黑道的「一清專案」鎖定，開始跑路，躲避警方追捕，最終全身而退。儘管如此，吳鶴松和黑道牽扯不清的關係，讓他一再的被調查單位盯上：先是在一九八五年，他被人指控販賣槍枝，一九八八年，又涉嫌教唆砍殺一位高雄建商。即使深陷官司，吳鶴松在一九九〇年繼續以最高票連霸議員，更首次當選副議長。

一九九〇年八月十四號的凌晨，剛結束應酬的吳鶴松由朋友載回住處。早已疲倦不堪的他慢慢走上二樓臥房準備休息。就在他剛脫下襯衫時，寂靜的夜空中傳來巨響，整間屋子像地震一樣劇烈晃動。吳鶴松衝下階梯——一樓被一顆手榴彈炸得面目全非。事後，吳鶴松向媒體表示，自己總是努力滿足選民所託，也沒有和別人結怨，只有朋友，沒有仇家，推稱不知道有誰想殺他。毫無辦案方向的警方，最終無法找到企圖暗殺吳鶴松的兇手，這件事因此不了了之。

經過這場意外，吳鶴松在政治上仍沒有絲毫退縮。一九九四年，他在國民黨支持下當選高雄縣議長，攀上政治高峰。然而，議長的位置只坐了八天，吳就被查出涉嫌在正副議長選舉中賄選，並在七月的審判中被判刑。正當各界關注吳鶴松是否能再次從官司中成功脫身時，一九九五年末的槍響，讓一切倏然的畫下句點。

吳鶴松的一生經歷，正是台灣當時無數黑金政治人物的翻版。他一開始踏入政治圈的原因，僅是想透過民意代表的頭銜，讓自己在「喬事情」時更有份量。但他漸漸發現，議員的身份，能夠保護他所經營的非法賭場生意，促使他一步一步的往更高的位置前進。表面上，吳鶴松在當選議員後，開始戴名錶、開賓士，營造有品味的形象，暗地裡，他在競選時借助黑道暴力與恐嚇贏得選舉。據當時記者的報導，吳在議會的為人處事，受到其他議員的肯定，但是，他同時也是參與賄選、殺人、販賣槍枝的核心人物。在SNTV選制一個選區只需要幾千票就能勝選的情況下，擁有金錢賄選、容易親近大眾的黑金政治人物，不需要花太多功夫就能當選。政治權位對他們來說，可以是服務鄉里的工作，但最重要的是，這個身份得以讓他們謀取更多不法利益、發展更多生意，還是他們一路向上的跳板。

在吳意外身亡後一年，警方宣布偵破案件。兇手黃文重宣稱，他的堂哥黃文忠懷疑自己競選高雄岡山鎮民代表會主席落選，是因為吳鶴松從中作梗，還認為吳檢舉自己開設的賭場，使得警方不斷上門臨檢。在政治、商業發展都被吳百般阻撓下，便教唆黃文重痛下殺手。但是，吳鶴松的家人認為黃文忠背後，還有真正的主使者，不願接受警方說法。是商業競爭？道上糾紛？還是政治鬥爭？事情的真相，恐怕還是只有吳鶴松本人最清楚了。

參考資料

① 包希勝、邱英明、許正雄，〈高縣議長吳鶴松中彈身亡〉，《聯合晚報》，一九九五年十一月十五日，第七版。

② 孫永泰，〈吳鶴松的黑白情結〉，《中國時報》，一九八八年三月七日，第八版。

③ 〈提供刀槍雇殺手 砍傷建商 堂堂高雄縣議員 捲入漩渦〉，《聯合報》，一九八八年二月二十五日，第十版。

④ 王宗澤、吳僑生，〈高縣議會副議長 吳鶴松住宅被擲手榴彈〉，《中國時報》，一九九〇年八月十五日，第九版。

⑤ 許正雄，〈吳鶴松命案偵破 岡山鎮代黃文忠涉嫌教唆行兇〉，《中國時報》，一九九六年一月十七日，第一版。

相關關鍵字頁面——**黑道**(102)、**買兇殺人**(111)、**黑道暴力**(188)、**關說**(200)、**賭博電玩**(244)

出世來做柱仔跤

焚化爐

吳昌峻

提到「焚化爐」，你的印象是什麼？「燒垃圾會產生戴奧辛！」「附近種的東西應該都不能吃吧？」人們大量製造垃圾，讓政府催促著焚化爐一座一座的興建。1 不過，沒有人願意讓這些醜陋又飄散著毒氣的建築蓋在自己家園附近。因此，只要地方政府有興建焚化爐的想法，一定會引起附近居民強烈的抗爭。然而，焚化爐能不能成功運作，除了環境問題之外，從中可不可以拿到「回饋」，也是地方人士相當關心的議題。

一九九一年，新竹縣政府打算在新豐鄉與湖口鄉的交界建立一座大型焚化爐，消息一出，當地居民都大表不滿。新豐鄉長與鄰近的湖口鄉長則異口同聲的表示，兩鄉在政府建案的規劃下，將會努力配合，達到提供焚化爐用地的目標，但在焚化爐啟用後，也應該要對地

1. 本文所描述之時間為一九九〇年代台灣，僅單純呈現當時政策。事實上，興建焚化爐並非解決垃圾問題的最佳方式，近年來環保團體力倡推動更確實的資源回收與垃圾分類、減量，都是更好的方法。

方有所回饋。面對焚化爐興建以及回饋經費的抗爭，當時新竹縣的縣長范振宗出面喊話：

一個人在世上生活的時間很短暫，花費也是有限的，地方不需要為了少少的補助經費，而影響到國家建設。

范振宗的言下之意，是希望居民不要因為回饋金的問題，阻擋縣內的大型建設。但縣長這番義正嚴詞的說法，顯然無法說服新竹縣內受到焚化爐興建所影響的地區，民眾仍然持續抗爭，誓言杯葛到底。范振宗為什麼如此執著要蓋焚化爐呢？當時的新竹縣境內並沒有焚化爐，如果能順利興建，就可以自主消化垃圾，不需要額外付錢給外縣市幫忙處理，此外，中央也已經決定為焚化爐興建撥款三十多億，縣長自然不願因為居民的抗爭，而讓這筆鉅款拱手還給中央。

不僅如此，新竹縣焚化爐預定地的地主，也想從焚化爐的興建案中敲出更多的錢來。縣府原本打算用徵收的方式，以每公頃一千萬元的價格買下土地，但受到地主的阻饒。地主想要用「議價」的方式，和縣府商量一個對自己更有利的價格。當時有人「苦勸」地主：焚化爐的預定地原本是農地，現在每公頃可以值一千萬元就該知足了，要是惹縣長發火，不願意在這裡蓋焚化爐，那豈不是所有計畫都泡湯了？這代表著，縣府與和地主之間的談判過程有許多眉角，要小心進行才不至於談判破裂，將原本已經要到手的利益又吐回去。最終，地主願意以五千四百萬元賣出土地，經費則由新竹縣境內的相關鄉鎮負擔。

而作為焚化爐預定地的新豐鄉瑞興村，在一九九二年召開村民大會，新豐鄉的鄉長在會議中表示，如果沒辦法替村民爭取到足夠的回饋，就會升級抗爭行動，阻擋焚化爐的興建。所有村民提出的回饋條件，都會交由村鄰長彙整，代表居民向縣府反映。在縣議員與村民的反抗之下，縣長堅持興建焚化爐的決定受到很大的阻力。該區的議員甚至揚言，如果縣長執意要在這裡興建焚化爐，那麼他下一屆縣長選舉的表現一定會非常難看！到了一九九三年，縣府終於放棄，決定不在新豐鄉蓋焚化爐，向居民的抗爭妥協。面對媒體採訪，范振宗無奈地表示，這座焚化爐採用當時最先進的垃圾處理科技，現在不做，未來一定會後悔。但他也認為，即便新豐鄉不願意蓋焚化爐，也有別的地方願意蓋，因此，縣長表示要繼續尋覓新竹縣的其他地方興建焚化爐。而背後的原因，就是為了留下中央撥給的三十億補助款與回饋費用。縣長表示，這筆錢是「金子」，即使新豐鄉看不出它的價值，終究會有其他的居民願意了解。

但事實卻不如縣長所願。在新豐鄉反抗之後，由於焚化爐的興建受挫，中央對地方數億元的補助也被送回中央，原本由六個鄉鎮共同買下來的焚化爐預定地被荒廢多年，在一次鄉長大會中，湖口鄉長建議將這塊預定地作為建地，要是如此的話「大家都賺錢」。但最後提議並沒有被採納，該焚化爐的預定地也一直閒置著，儘管不時有要重啟蓋焚化爐的風聲，但最後都不了了之。2

面對龐大的垃圾處理問題，政府選擇興建更多焚化爐來解決。但是，焚化爐完工後周邊房價下跌，及隨之而來的污染問題，使得人們都抱持著「不要蓋在我家旁邊」的反對態度。即

2. 二〇二〇年，新竹縣長楊文科與廠商簽約，表示新竹縣竹北市（而非本文之新豐鄉）將興建焚化爐，並於二〇二三年正式運轉，然而反對聲浪不斷。

使最後抗爭失敗，地方人士也會盡其所能的向政府要求最優惠的補償。在一九九一年的這起焚化爐興建爭議中，范振宗為了繼續連任，放棄強硬推行焚化爐興建工程，新竹縣也因此喪失了中央補助款。在崇高的「環境保護」理念之下，地方政府、地主和人民為了得到對自己最有利的條件，私底下仍各自盤算，堅守著自己的立場，持續角力下去。

參考資料

①〈興建區域焚化爐 別忘回饋新豐湖口兩鄉長爲民請命 盼以行動平息民怨〉，《中國時報》，一九九一年十一月十六日，第十四版。

②〈新豐區域焚化爐 闢建有希望用地取得無虞 廿餘億經費由上級全額補助〉，《中國時報》，一九九二年一月十八日，第十四版。

③朱虔，〈彼此撥撥算盤 看看怎麼算才划得來 雙方都計較錢 何妨各讓一步〉，《中國時報》，一九九二年三月八日，第十四版。

④羅際鴻，〈六鄉鎮出資購地設垃圾焚化爐 所有權歸屬引起質疑 關西鎮代爭取土地持分登記〉，《中國時報》，一九九二年八月十一日，第十三版。

⑤〈新豐瑞興村民拒與焚化爐爲鄰將組自救會抗爭 林保明：興建否視回饋條件而定〉，《中國時報》，一九九二年八月十六日，第十四版。

⑥楊明睿，〈訪視新豐鄉 縣長好尷尬吳俊雄：若不更改觀護所焚化爐地點 明年縣長選舉得票數會很難看〉，《中國時報》，一九九二年十月三十日，第十四版。

⑦楊明睿，〈瑞興村民不願垃圾爲鄰 自救會成員訪縣長重申反對決心〉，《中國時報》，一九九三年一月十五日，第十四版。

⑧羅際鴻，〈新豐焚化爐不建了 好可惜 縣長直言表示遺憾 認係竹縣一大損失〉，《中國時報》，一九九三年二月七日，第十四版。

⑨羅際鴻，〈竹縣北半區眞的需要焚化爐 新豐案雖取消 縣長指示續覓用地〉，《中國時報》，一九九三年二月九日，第十四版。

⑩楊明睿，〈豈可讓三十餘億元經費跑掉 縣長另覓焚化爐用地〉，《中國時報》，一九九三年二月十二日，第十四版。

⑪羅浚濱，〈鄉鎮市長群集新埔 共商大計〉，《中國時報》，一九九五年四月二十日，第十四版。

相關關鍵字頁面——土地徵收(196)、土地變更(221)

認真、骨力、好央教[1]

這句簡潔有力的台語競選口號，意思是指候選人「認真、勤勞、容易受託辦事」。從鄉里長到縣市議員，形象好、勤跑選民服務，絕對是勝選的基礎要件。你或許已經發現了，這些種類繁多的選民服務可能跟政治人物的工作一點關係也沒有，有時候，他們甚至還會答應一些不合常理的民眾請託。不只如此，媒體上政治人物勤奮打拼的樣子，還可能是被重新加工塑造的？在這一章，我們將一同探索政治人物如何經營地方，爭取選票，重新檢視這些印在選票上的面孔，背後真正的模樣。

1. 台文及音讀爲：「Jīn-tsin, kut-lȧt, hó iang-kah.」

紅白帖

陳力航

「紅白帖多錢不夠用 民代貪助理費當大水庫」、「勤跑紅白帖，市政沒半撇」，媒體報導提到的「紅白帖」，似乎大多伴隨著負面新聞一起出現。這個詞指的是台灣人在婚喪喜慶時所發出的邀請函，而這些活動場合，也是許多地方政治人物喜歡造訪的地方。

一九八八年一月，好日子特別多，雲林縣西螺鎮農會總幹事王士杰光是一個月內，就收到多達四十二張紅白帖。他準備給主辦方的禮金，一共花了三萬多元，就算動用所有特支費[1]，也不夠支應。由於王士杰是地方重要人士，只要遇到婚喪喜慶場合，希望他出席的邀請自然特別多。四十二張的帖子當中，有三十三張紅帖、九張白帖，如果遇到撞期，王士杰更得一天跑五六攤，可能剛去完喪事的場合，接著又在他人的結婚典禮當證婚人。作為農會總幹事的王士杰一個月有兩萬六千三百元的特支費，但是這個月份光是紅包、匾額，就高達兩萬五千五百元，喪事的奠儀花去了八千元，遠超過特支費的額度，最後，他甚至要用自己的薪水來支付。

王士杰的例子，代表的是地方要角面對紅白帖的困擾。除了數量來的太多，其實有些紅白帖也必須注意。王士杰送到婚喪喜慶場合的匾額上，自然題著他的名字，然而，這也是部分有心企業人士，會使用的花招之一。這些企業人士都會特別要求財經官員首長出席，並請他們致贈花籃、花圈、輓聯、喜幛等等。他們雖然不一定和這些財經官員有交情，但是，官員送來的匾額，就像是他們對公司的背書，能鞏固投資人的信心。因此，如果政府機關的人員沒有確實篩選，就可能被有心人士利用了。

當然，也不是每張紅白帖，背後都心懷不軌。紅白帖反映的是台灣社會文化中的一環：人們希望在生命中的重要階段獲得「見證」或「榮耀」。舉例而言，家中有親屬去世的喪禮場合，若有區域立委前來致意，並致贈輓聯，代表逝者的一生受到肯定與尊敬，家屬也與有榮焉；相對的，政治人物出席婚宴，則象徵新人家庭的地位不凡。但是，當每個人都想在喜宴、喪事沾政治人物的光時，紅白帖的需求就一發不可收拾的大量增加。早在一九六〇年代，省議員的待遇從原先的四千兩百元增加至六千兩百元，其中一個理由即為：

目前雖有四千兩百元可拿，但每月為了應付選民的紅白帖子，就非五千元不能過關。

於是，政府為了應付省議員跑紅白帖場合的開銷，為其增加了兩千元的薪水。到了一九九〇年底，當時台北市議會甚至設有所謂的「禮品部」，該部業務繁忙，每個月平均協助市議員送出四千兩百多件的禮品。部內有兩名書法高手，負責書寫各種中堂、靜屏、輓聯、

1. 特支費指的是公務機關首長的公關費用，而農會總幹事的特支費規定，則可見於《農會人事管理辦法》。

喜幛，另外還編制了許多人力負責運送這些禮品。更令人驚訝的是，一個月四千兩百件禮品只是平均值，到了年底或良辰吉時，數量還會更多。

民眾邀約不斷，政治人物同樣樂的天天趕場，這是為什麼呢？一般來說，喜喪事的場合人群聚集，只要露面就能增加曝光度，是爭取選票的好時機，親自出席活動，則滿足了主人的面子。已故高雄市立委朱星羽，每次參加喪事，必定從會場外開始嚎啕大哭，一路跪爬進靈堂拈香致意，對於這種做法，當時的民眾表示：「連立委都做到這樣了，能不投給他嗎？」除此之外，一九九二年立委選舉前夕，有候選人因為無法出席，請人送了賀匾給一對新人，沒想到對方卻覺得這樣太不給面子，認為：「人不到，禮物也不要來了！」。

紅白帖習俗演變至此，已經成為了選舉文化的一部分。有些民意代表為了支付龐大的紅白帖開銷詐領助理費，也有些政治人物，雖然常常在婚喪喜慶露面，遇到開會、質詢時，卻不見蹤影。面對民間呼籲終止紅白帖文化，地方官員及民代嘴巴上辯駁著「跑紅白帖才能傾聽基層最真實的民意」，但事實上，為了下一次當選的選票，又有多少政治人物，能停止不再勤跑趕場呢？

參考資料

① 〈婚喪喜慶一窩蜂 元月接四十二張帖子 西螺農會總幹事消受不了〉，《聯合報》，一九八八年二月六日，第十六版。

② 朱界陽，〈投資公司斂財害慘小市民〉，《聯合報》，一九八八年八月二十一日，第六版。

③ 黃少芳，〈擔心與地下投資公司有瓜葛 財經首長接紅白帖都小心〉，《聯合晚報》，一九八九年七月十二日，第三版。

④ 蘇位榮，〈通緝十二年半屆滿 龍祥負責人免訴〉，《聯合報》，二〇〇五年一月二十日，C4版。

⑤ 黃鴻鈞，〈紅白幛聯月送四千餘件 忙煞議會禮品部！〉，《聯合報》，一九九〇年十二月九日，第十四版。

⑥ 許文彬，〈應付選民 紅白帖子 省議員要加待遇〉，《中國時報》，一九六八年八月二十六日，第六版。

⑦ 楊秀員，〈選壇秘聞 應付紅白帖 選將分身乏術禮到人不到易得罪人 一天趕場數十處不稀奇〉，《中國時報》，一九九二年十一月二十六日，第十四版。

議員配合款

莊岳燊

一九九五年，台北縣（今新北市）議員盧嘉辰在一場婚宴中上台祝賀新人，沒想到賀詞才唸到一半，台下就有一名男子衝上台，瞄準頭部一拳把他打倒在地。盧嘉辰為了顧及婚禮主人面子，忍著疼痛和錯愕爬起來，繼續祝福新郎新娘「永結同心，百年好合」。

好不容易結束致詞正準備離去，盧嘉辰又在會場的樓梯口被六七名身份不明的人士圍毆，好在最後土城市長盧國雄趕來制止，才結束了這場鬧劇。

事後盧嘉辰回憶，致賀詞前，他在會場遇到「頂福社區發展協會」理事長廖三旗，並受邀與同桌人士敬酒。廖三旗因為要在社區成立棒球隊，向他勸募配合款，他也答應認捐五萬元支持，該桌人士卻認為應該捐十萬才對，非常不滿，害他平白無辜的挨了一頓揍。

在我們同情這對可憐新人被鬧場的婚禮時，也該了解惹出風波的「配合款」究竟是什麼。

過去台灣省政府為了因應各地緊急需要，設置了「小型工程建設經費預算」，由省政府直接撥款給省議員使用，縮短申請經費的行政流程，之後陸續被各地政府仿效採用。以當年的台北縣為例，每位議員能夠從年度預算中，分到一千萬額度的補助款，由議員自行分配，促進地方建設。

除了拿來鋪馬路、整修地方活動中心、建造水利建設，議員有相當大的自由決定怎麼使用這筆數量龐大的金錢。舉例來說，一九九一年台北縣金山鄉發生了一起命案，警方快速掌握線索，偵破案件，議員詹裕仁便從配合款中撥出五萬元嘉獎警察。上面的故事中，議員盧嘉辰則打算用配合款支持地方棒球隊，配合款有著五花八門的運用方式。

配合款制度的最大優點，就是能短時間解決地方上的緊急需求。當一位議員選區內的路燈不亮、馬路出現坑洞時，與其花時間申請、審議維修預算，議員只要動用配合款，就能快速修繕，縮短耗時的行政流程。然而，因為議員能夠自己決定這筆款項的使用方法，產生了不少問題。有些配合款被用來補助給「社區發展協會」、「農會」，或當成「重陽敬老年金」發放，美其名是促進社區發展，關懷老年人口，實際上卻變成民意代表攏絡選民的綁樁手段。透過配合款興建各種設施，則會有許多工程發包的案子，議員就能藉此指定和自己關係較好的工程行承包建案，或者收受賄賂，讓特定的廠商接到配合款支持的案子。原本用來服務民眾，改善地方建設的配合款，很容易就成為了圖利選民或廠商的工具。

藉著巧妙的運用配合款，議員能夠獲得更多選民的選票支持與仰賴，當然希望這筆錢越多越好，縣市政府也就迎合議員的需求，繼續在每年的預算案中編列配合款。如此一來，議員就不會一直對政府所提的預算案、各種議案進行杯葛，達成「府會關係的和諧」。弔詭的是，議員原本的職責，就是監督地方政府的政務推動和預算花費情形，但配合款制度設置後，政府受到議員監督的力道減少，議員則能夠掌握一部分的地方財政，代替行政機關運用，還不需要受到監督。

議員配合款制度，從一九八〇年代出現以來，已經過了超過四十年。由於這項制度對地方政治所帶來的種種壞處，出現了越來越多呼籲廢止的聲音。一九九八年四月，當時的南投縣長彭百顯以縣府財政拮据為理由，不再編列議員每人每年三百二十萬的配合款，兩個月後，議會刪除了南投縣政府下一個年度三十一億的預算反制，使得府會關係陷入僵局。到了二〇〇一年，已經負債八十四億的南投縣政府向台灣銀行借了二十億元的透支款，其中，每位議員可以分到額度一千萬元的配合款。南投廢除兩年多的配合款，在議員強力施壓下，又重新以更高的金額編入預算之中。

從南投縣試圖廢除配合款制度失敗的案例中可以發現，雖然這筆費用是由縣市政府編列，但因為議會擁有審議年度預算的權力，就能以此要脅政府繼續編列，甚至提高配合款金額。

來到二〇二一年，台灣只有台北市、高雄市、台南市等縣市成功取消了每名議員固定配額的「議員配合款」，而且，配合款制度還轉換成其他形式繼續存在。今天，配合款被改稱作「建議款」，議員可以依照地方需求向政府提出「建議」，由行政機關動用這筆資金，但政府可能因為顧及「府會關係」，答應支付議員所要求的各項「建議」金額，如宜蘭縣等縣市，甚至不願公布提出建議的議員名稱，使監督更為困難。

在這樣的府會利害關係下，行之有年的議員配合／建議款，恐怕還是會存續一段很久的時間。

參考資料
①〈參加婚宴挨打 議員告官〉，《中國時報》，一九九五年三月一日，第十三版。
②祁容玉，〈小檔案 議員建議款〉，《聯合報》，二〇一九年一月三十日，B1版。
③〈千萬地方建設配合款 部分議員半年花光〉，《中國時報》，一九九八年十二月十七日，第十八版。
④〈高蔡月英命案 破的漂亮 議員頒五萬作破案獎金〉，《中國時報》，一九九一年九月五日，第十四版。
⑤莊芳銘，〈向台銀再借二十億 府會達共識 縣府將用部分經費支應每名議員一千萬元配合款〉，《聯合報》，二〇〇一年六月四日。
⑥什麼是議員配合款／建議款？（二〇二一年八月十三日檢索）。
⑦宜蘭縣政府主計處一一〇年度民間團體補捐助及議員建議案（二〇二一年四月二十日）。（二〇二一年八月三十一日檢索）。

相關關鍵字頁面——**政府預算**(209)

認眞、骨力、好央教

賽鴿賭博

莊岳燊

這天，基隆外海的風浪並不大，但天色陰沈，似乎隨時都會下起雨來。主持人在船上用麥克風即時播送比賽狀況，一旁則有人拿著攝影機紀錄著天空中密密麻麻飛舞的鴿群：

> 各位鴿友，各分會的會長……目前，咱這馬所看到的，咱的愛鴿，是佇咱的船仔，十一點鐘的位置，持續……吼，持續，一直飛懸起去啊……[1]

這樣的賽鴿比賽場面，全世界大概只有在台灣才看的到。台灣的賽鴿運動從一九六〇年代開始興盛，並逐漸發展出一套全世界唯一的「幼鴿海翔多關」賽制。台灣的賽鴿比賽，一開始是採用「陸翔」賽制，也就是由台灣北部飛到南部，或飛相反方向，比出最先飛到終點的鴿子。但在鴿群飛行的路上，常常會有「擄鴿集團」在山區架設網子，攔截鴿子，再向飼主勒贖的案件，連帶影響比賽進行。因此，參加賽鴿的鴿友轉而選擇「海翔」賽事，也就是把賽鴿載到南海或台灣北部海面，再一起放出，能成功飛回本島的鴿子，便能獲得進行下一關的機會。

在台灣的賽鴿比賽中，有許多不同的關卡規則，例如兩關、五關、甚至有高達十關的比賽。關卡的設置，目的是用來篩選比賽的賽鴿數量，就拿五關的賽制當作例子好了，在資格賽時，運鴿船會開到離台灣一百五十公里的外海放出鴿子，第一關開始則由一百八十公里放飛，第二關兩百一十公里……直到第五關，從三百公里遠的海面當作起點。

那麼，所謂的「幼鴿」又是什麼意思呢？在國外的賽鴿活動中，鴿子能夠在一生中不斷的參加比賽，但這樣一來，有時候會發生一隻鴿子稱霸各大比賽的狀況。有錢、有閒的養鴿戶，能夠花大錢買下品種優良的賽鴿，或投入大把資源、時間研究，培育出這種壟斷賽事的常勝鴿子，[2]一般養鴿戶在獲勝機率不大的情況下，參與人數就越來越少。為了維持人們參加比賽的意願，台灣發展出了所謂的幼鴿比賽，規定只有六個月大的鴿子才能夠參加比賽，而且一生中，只能比賽一次。每次比賽的鴿群都不一樣，也就避免了每次都是同一隻鴿子獲勝的情況了。

台灣賽鴿制度經過多年修改，比賽具有很高的公平性，而且，即使沒有透過大把銀彈育種、訓練，也都仍有獲勝的機率。賽鴿比賽精彩可看，暗地裡的賭盤行情也不容小覷。在一九九八年，賭對一隻成功「過五關」的鴿子，贏家可以獨得高達一億元的彩金，使得下至市

---

1. 華語文意爲：「各位鴿友，各分會的會長……目前，我們現在所看到的，我們的愛鴿，是在我們的船，十一點鐘的位置，持續……齁，持續，一直往上飛啊……」。
2. 在賽鴿界，這種有財力優勢的養鴿戶被稱爲「強豪」。

井小民，上至財團政客，都有不少人投身賽鴿運動。

然而，讓許多台灣人為之瘋狂的賽鴿運動，卻成為飛安惡夢。一九九九年，一台要價六千萬美元的幻象兩千戰機因為鳥擊墜毀，[3]其中，賽鴿因為腳上裝有辨別身份的金屬環，對飛機造成的破壞更加嚴重。民航局為了維護飛安，早在幻象兩千失事前，就開始進行機場附近鴿舍的拆除工作，沒想到，屏東卻有立委帶著養鴿戶到立法院抗議，高雄的養鴿戶甚至仗著有立委撐腰，要求賽鴿比賽結束之後才能拆鴿舍。

那麼，為什麼這些地方政治人物，選擇忽略飛機失事所造成的金錢、生命損害，反而幫著這些養鴿戶說情呢？在賽鴿運動鼎盛的一九九〇年代，為數可觀的賽鴿比賽參與者，同時也代表著一定數量的選票，對於地方民代來說，為了不一定會發生的飛安事故，而和龐大的養鴿、賽鴿團體作對，等同於大大降低自己在選區的得票率。更何況，有些民代自己，也投注了大量賭資，尋求一夕之間發大財的機會。除此之外，這些為了「養鴿戶權益」出面奔走的民代，在選民眼中，反而能產生「勤跑基層」、「做足選民服務」的形象，在地方上得到更多稱讚呢！

在台灣發展已久的賽鴿運動，直到今日，仍有不少死忠的鴿友，前仆後繼的放出一隻隻代表著致富希望的鴿子，在海上追逐競爭。然而，部分民意代表選擇保護賽鴿利益和選票，站在航空安全的對立面，也留下了地方政治上，另一起濫權施壓的難堪紀錄。

3. 以一九九九年新台幣對美元匯率計算，幻象兩千戰機的價值約爲十九億三千五百六十萬台幣。

參考資料

① 曾冠騰，蔣任翔，〈賽鴿運動的治理分析〉，《體育學系學刊》第十七期（二〇一八，台中），頁十三～二十四。

② 簡妤儒，黃亞晴，〈人人有機會的「公平」世界：賽鴿公平性的社會建構與效果〉，《台灣社會學》第三十二期（二〇一六，台北），頁五十七～一〇八。

③ 韓國海，〈賭鴿 場外「插花」就逾億〉，《聯合晚報》，一九九八年十二月二十六日，第三版。

④ 許德英，〈幻象機吃鳥 代價真高〉，《聯合報》，一九九九年十月十六日，第十五版。

⑤ 陳如嬌，〈民代濫施壓 飛安成空談〉，《中國時報》，一九九九年五月二十五日，第九版。

⑥ 許志強，〈六一拆鴿舍 民航局來硬的〉，《中國時報》，一九九八年五月七日，第十六版。

相關關鍵字頁面——**關說**(200)

認眞、骨力、好央教

有線電視

許雅玲

台灣在一九六〇、七〇年代，陸續有台視、中視、華視三家無線電視台出現，這三家無線電視台（老三台）長期寡佔台灣的電視市場。到了一九七〇年代，國外透過電纜或光纖網路傳播訊號的有線電視技術越來越普及，台灣民間隨之蠢蠢欲動，討論是否應該開放有線電視進入台灣。畢竟三個電視頻道的節目選擇有限，很多人都盼望有線電視的引入，為他們的娛樂生活注入一股活水。但無論官方同意與否，民間早就陸續有小規模的有線電視業者先偷跑，一時間不勝取締，也就是台灣人所熟稱的「第四台」。不過，直到一九九三年《有線電視法》通過，一九九四年開始核發有線電視台許可證之前，第四台都處於非法狀態。

一九八〇年代，台灣對於開放有線電視的討論分成了對立的兩派：支持有線電視的人，援引美國、日本的案例，強調這些國家透過有線電視，提供民眾更加先進、多元的資訊傳播管道，認為人民有知的權利，應該儘快開放更多的閱聽管道。反對者則動輒將有線電視與「色情節目」聯想在一起，害怕有線電視敗壞民風。這樣的想法，凸顯當時台灣社會、媒體界保守派，對引進新型態媒體的猶豫不決。

然而，不管政府如何取締非法有線電視，民意就像變了心的女朋友一樣回不來了。於是從一九八一年起，政府到各國考察，研擬開放有線電視的可行性。無奈好事多磨，有線電視的開放「研擬」了八、九年，直到一九九三年政府通過《有線電視法》，有線電視台才終於可以合法上路。至此，台灣有線電視的發展就像坐上雲霄飛車一般：一九九〇年時，有線電視普及率為百分之十六，短短六年後，變成了將近百分之八十。

有線電視產業的蓬勃發展，反映了台灣社會在戒嚴時期，政府長期嚴格管制電視頻道數量，人們鬱悶已久，渴望擁有多元訊息管道的渴望。而當有線電視上路後，這塊大餅又引發政府、頻道供應商、有線電視系統商、民眾之間的大亂鬥。舉例來說，提供有線電視服務的「系統商」如果和提供節目內容的「頻道供應商」沒辦法協調出滿意的價格，授權節目在電視上播出，就可能「斷訊」讓節目無法播出，導致民眾沒東西可看。有些系統商則會「蓋台」插入自家廣告，影響廣告商的權益。更重要的是，在政府還沒明確規定「黨政軍退出媒體」前，許多地方政治人物看上有線電視的宣傳效果，投入地方有線電視系統經營，掌握地方上的話語權，企圖藉此影響選舉結果、重塑地方政治版圖。

以彰化縣為例，從一九九〇年代起，彰化兩大有線電視系統商——北彰化[1]的彰化有線電視公司[2]、南彰化[3]的三大有線電視股份有限公司[4]，就分別由國民黨的白鴻森家族[5]、謝言信家族[6]經營。到了選舉時，彰化各黨、各派系則開始在有線電視的議題上大做文章，角力不斷。以一九九七年的彰化縣長選舉作為例子，國民黨候選人阮剛猛在政見發表會上，痛斥民進黨候選人翁金珠壟斷地方媒體，不但刪減有關他的新聞報導，即使有新聞，也「播出最差的鏡頭」。翁金珠則反駁阮剛猛血口噴人，認為「阮上鏡頭的機會比較多」。

兩人之間的交鋒，當然不只有「誰畫面比較多」而已。選舉之前，國民黨籍議長白鴻森經營的彰化有線電視，以一億六百萬的資金，出手併購立場親民進黨的彰聯有線電視公司。彰聯的偏綠立場，讓國民黨人士一直想「去之而後快」，在併購案完成後，民進黨失去了地方上的話語權，在選戰中顯得更為劣勢。除此之外，彰化縣黑道副議長粘仲仁在這一年因為殺人案受審，翁金珠為了打擊對手選情，爆料阮剛猛介入粘仲仁官司的新聞，在彰化有線電視播放一天後，就被緊急停播，翁金珠在電視台的競選廣告也被撤除。對此，彰化有線電視公司宣稱「不想介入選舉太深」，但彰化當地都認為，這是由於黑道在背後施壓的結果。來到

---

1. 包括彰化市、芬園鄉、花壇鄉、和美鎮、線西鄉、伸港鄉、鹿港鎮、秀水鄉、福興鄉。
2. 一九九六年在北彰化，由六家有線電視整併而成。
3. 員林市、永靖鄉、大村鄉、溪湖鎮、埔心鄉、埔鹽鄉、田中鎮、二水鄉、社頭鄉、北斗鎮、田尾鄉、溪州鄉、埤頭鄉、二林鎮、竹塘鄉、芳苑鄉、大城鄉。
4. 一九九五年以前，南彰化原有大彰化、南彰化、優視三家有線電視系統商，於一九九五年整併爲三大有線電視。
5. 白鴻森，（一九五七～），曾任彰化縣議員、四届議長、彰化有線電視公司董事長。其妹白素雲發起創立彰化歡喜之聲電台。
6. 謝言信，（一九二九～二〇一〇），彰化縣溪洲鄉人，國民黨籍，曾任第九、十届台灣省議會議員、第四届立法委員。媳婦鄭汝芬、孫子謝典霖、孫女謝衣鳳分別曾擔任第七、八届立法委員、彰化縣議會議長、第十届立法委員。其子謝新隆爲三大有線電視股份有限公司董事長。

一九九八年，地方上又盛傳，地方電視的其中一個節目「彰化新聞」，因為涉入鄉鎮市長選舉，和彰化有線電視公司董事長白鴻森唱反調，支持不同候選人，而被封殺、停播。

近年隨著網路社群與ＯＴＴ平台興起，台灣的閱聽生態逐漸改變。然而，電視在保有一定影響力的情況下，仍是各方政治勢力的兵家必爭之地。譬如立場親中的旺旺中時在二〇一一到二〇一二年期間，企圖併購中嘉、壹傳媒，擴張其宣傳管道，乃至於台灣縣市中，彰化地方派系在有線電視戰場你爭我奪，紛擾不休，種種例子，都還是看得到政治角力的影子。

參考資料
①何貽謀，《台灣電視風雲錄》（台北：台灣商務，二〇〇二）。
②王唯，《透視台灣電視史》（台北：台灣學生書局，二〇〇六）。

③ 台北市廣告同業公會，《台灣廣告五十年：二十三個關鍵時間點》（台北：滾石文化，二〇〇九），頁一〇六～一〇九。

④ 〈使觀衆擁有更多選擇喜愛節目的機會 有線電視在美國．充滿發展潛力〉，《民生報》，一九八〇年一月十日，第九版。

⑤ 獻譯，〈有線電視系統 蓬勃發展 紐約市各區將陸續設立 新型設備可供雙向通訊〉，《民生報》，一九七九年十二月十四日，第十版。

⑥ 陳國楨，〈「第四台」辦得有「聲」有「色」 社區有線電視 該不該讓它存在?〉，《民生報》，一九七九年四月八日，第十版。

⑦ 〈基市有線電視連續查獲三起〉，《聯合報》，一九七九年三月二十七日，第三版。

⑧ 〈放有線電視罰九千台幣〉，《聯合報》，一九七九年五月二日，第三版。

⑨ 陳國楨，〈適應大衆娛樂需求 有線電視似可考慮〉，《民生報》，一九八一年二月十五日，第九版。

⑩ 〈中縣破獲規劃龐大「第四台」〉，《中國時報》，一九九一年三月二十九日，第十五版。

⑪ 房慧眞（二〇二〇）。政治家族參選觀察：當政三代套上清新形象，彰化地方派系如何進化?（二〇二一年五月十九日檢索）。

⑫ 林志雄，〈有線電視 螢幕開戰〉，《中國時報》，一九九六年八月七日，第十五版。

⑬ 林志雄，〈緊咬阮粘關係 第四台拒播〉，《中國時報》，一九九七年十一月十四日，第十六版。

⑭ 黃學榮，〈國、民交戰 有線電視颳起購併風〉，《中國時報》，一九九七年十月三十一日，第十五版。

⑮ 戴宗德，〈第四台公信力 成了選戰話題〉，《中國時報》，一九九七年十一月二十三日，第十五版。

⑯ 許司任，〈第四台彰化新聞停播 盛傳是政治迫害〉，《中國時報》，一九九八年二月十日，第十五版。

相關關鍵字頁面——黑道(102)

認眞、骨力、好央教

地方記者

莊岳燊

一九九四年，彰化縣第十三屆的新科議員上任。某日，一位主跑府會新聞的中國時報記者在議會門口遇到當時的副議長粘仲仁。粘上下打量了一下記者，問道：「最近食有飽未？」[1]表面上，這只是一句正常關心別人的話，記者聽完後卻嚇得面無血色。接下來幾天，主筆府會新聞的記者，寫文章都戰戰兢兢，生怕一不小心又得罪了縣府官員。

這是怎麼回事呢？

這位副議長粘仲仁，是彰化縣知名的黑道。他生性兇狠，依恃驚人的火力控制濁水溪、大肚溪的砂石產業。一九九〇年，他首次參選縣議員就當選，四年之後，他不但順利連任，還一舉拿下副議長寶座。但是，粘仲仁身為黑道，究竟是怎麼當選的？原來，他在選舉投票前會要求選民亮票，人們害怕被小弟毆打，即使心中不支持，也只能乖乖的投給粘仲仁。進入議會之後，他仍然不改霸道不講理的黑道作風，不但強勢介入地方砂石開採跟工程發標，在副議長任內還動用職權，刪除掃蕩八大行業的預算。

而中國時報的記者，因為幾天前寫了縣政府的負面新聞，就被他特意「問候」。不過，粘仲仁顯然沒有消氣，在一場聚會上，喝醉的粘仲仁激動的要保鑣一槍把這名記者殺了，還好在場的縣議員是記者的朋友，不斷求情下，粘才打消了念頭。

一九八〇年代，國民黨面臨黨外勢力和新成立的民進黨威脅，為了維繫執政權，他們開始拉攏盤據地方的黑道成為候選人。掛上黨徽參選的大哥們，雖然連國民黨的政策主張是什麼都不知道，但他們有錢買票、有暴力要脅。而且，在民眾看來，找黑道來喬事、幫忙解決地方上的大小問題，雖然方式不一定乾淨合法，但一定是最有效率的。何況，他們經營的砂石場、色情KTV跟一般人的日常生活也沒什麼關係嘛。黑道一步步的踏入政壇，讓台灣的地方政治圈蒙上一層厚重的黑影。在短短的十幾年間，縣市議會的議員，若不是本身就是黑道，那麼，大多數也和黑道關係密切。

然而，那些把選票投給大哥們的選民沒有想到，黑道在逐漸摸索之下，越來越清楚如何運用手中的權力。除了插手政府工程，他們還可以大砍警政預算，打壓或買通警察單位。如果遇到議會裡和自己唱反調的議員或官員，叫小弟來痛打一頓比在質詢台溝通還要來的有用。至於報導新聞，足以影響民眾看法的地方新聞記者，如果寫了什麼不中聽的報導，言語恐嚇、開槍威脅，在大多數時候都能讓他們不敢繼續寫下去。更重要的是，即使是大哥參選，還是要有足夠的選票才能獲勝，為了維持形象，他們不可能讓報社寫出「槍口抵頭威脅砂石業者」、「將市府科長毆打至腦震盪」的文章。相對的，黑道開始創設清寒獎助學金、成

1. 台文及音讀爲：「Tsuè-kīn tsia̍h ū pá--buē？」，華語文意爲：「最近吃有飽沒？」

立慈善基金會、舉辦偏鄉義診，即使他們背地裡仍經營著非法的暴利產業，大多數人透過報導產生的印象卻變成了「他們或許是黑道，但大家應該感謝這些人對地方建設的付出！」

在一九八〇、九〇年代，地方記者要面對的，不只有黑道民代的威脅，還有來自政府官員的利誘及壓力。一九八八年之前，台灣受到報禁限制，聯合、中時等報紙是獲取訊息的少數管道之一，記者一支筆有莫大影響力，只要遇到採訪，政治人物大多不會得罪記者。舉例來說，一九八六年立法委員選舉，力拼連任的台中縣紅派代表劉松藩不只在選前邀請記者餐敘，席間還送了每個人一份三千元的大紅包，就是希望記者「筆下留情，多多支持」。倘若報社記者想報導執政黨的負面新聞，政府機關也會出面施壓關說，盡可能的阻止新聞見報。然而，這些情況在一九八八年報禁解除之後，反而有更惡化的跡象。原先就已佔據台灣紙媒七成市場的《聯合報》和《中國時報》持續擴張，排擠小報的生存空間，立場偏向國民黨的兩個報系儼然成為了藍軍政治人物的傳聲筒，直到約一九九七年《自由時報》銷量迎頭趕上後，情勢才逐漸改觀。[2]

一九九六年，粘仲仁因為砂石糾紛開槍殺人，被列入「治平專案」名單逮捕，卻逃亡廈門，在二〇〇一年因車禍客死異鄉。時至今日，黑道威迫地方記者的景象已經不再頻繁發生，不過，在各大報業老闆意識形態的強力主導下，記者們想要不受拘束的報導新聞，仍然不是一件簡單的事。

2.《聯合報》、《中國時報》與《自由時報》之間競爭，前兩者代表國民黨內的非主流派主張，自由則代表擁護李登輝的主流派。其後，自由時報的立場逐漸偏向民進黨。

參考資料

① 曾明財（二〇〇六）。血色蝙蝠降臨鹿港。（二〇二一年六月二十一日檢索）。

② 江健男，〈「小粘」黑道作風 帶進政壇〉，《聯合報》二〇〇一年四月二十日，第七版。

③ 林麗雲，〈變遷與挑戰：解禁後的台灣報業〉，《新聞學研究》第九十五期（二〇〇八，台北），頁一八三～二一二。

④ 王昭文，〈報禁開放前的台灣新聞媒體〉，《新使者》第七十期（二〇〇二，台北），頁五～九。

⑤ 曾明財（二〇〇六）。劉松藩的選舉紅包。（二〇二一年六月二十一日檢索）。

相關關鍵字頁面——**黑道**(102)、**亮票**(142)、**黑金政治人物**(155)、**黑道暴力**(188)、**砂石**(235)

認眞、骨力、好央教

黑道暴力

陳力航

一九九六年八月的一個晚上，四五名手持刀械、電擊棒的男子，闖入立委廖學廣的住處。被驚醒的廖學廣都還沒搞清楚狀況，就被膠帶貼住眼睛嘴巴，強押上車。歹徒究竟為什麼要綁架廖學廣？在這樁綁架案的背後，又隱藏著什麼地方政治的恩怨糾葛呢？

廖學廣被押上車後，只能憑著聽覺，猜測車子的行經方向。他知道自己問政風格容易得罪人，對方這次找人來恐怕要殺人滅口，把自己丟入基隆河溺死。但想到自己至始至終都不曾違背從政的報負，心裡反而不是很害怕了。

然而，和一般綁票案不同的是，歹徒並不想取他性命，反而告訴廖學廣：「我們不會為難你」，甚至還以「廖先生」相稱，也沒有向廖學廣及其家屬勒索高額的金錢。那麼，這些歹徒要的究竟是甚麼？

載著廖學廣的車子一路往山上開，經過一陣顛簸，最後終於在林口山區的嘉寶村停車。歹徒早已事先準備好一個關藏獒用的大狗籠，廖學廣一下車，就被送入籠裡。歹徒在籠外找來了一張報紙，在上面寫了「替天行道」四個醒目的大字，然後就將廖的手銬解開，留置狗籠內，拍了幾張照就揚長而去。

歹徒雖然走遠，但森林一片寂靜的詭譎氣氛，卻讓人越來越覺得毛骨悚然。廖學廣在籠中不斷喊叫求救，一名老婦人爬山時聽到聲音，連忙託人報警，才總算結束了他漫長的驚魂之旅。這起事件引發社會高度關注，警方不僅派員保護廖學廣的家屬，也同時著手進行調查。警方初步研判，此案應與廖學廣過去獨樹一格的政壇風格有關。廖學廣原先屬民進黨，爾後退黨，並於一九九三年八月當選汐止鎮長。他在汐止鎮長任內利用「鎮長稅」的名義，雖然使汐止鎮公所獲得不少收入，但也引來不少爭議。

至於歹徒的背景，由於狗籠外所留下的「替天行道」四字，很難不讓人聯想到黑道幫派「天道盟」，警方也朝這個方向偵辦。警方以現場遺留的報紙、礦泉水、狗籠為線索開始查起，先後逮捕多名嫌犯。他們供稱，因為不滿廖學廣在汐止鎮長、立委任內的施政與問政作風，所以決定給他個警告。

廖學廣則認為，從嫌犯們的背景來看，此案應與天道盟的創始人，同時身兼立委的羅福助有關。廖學廣在鎮長卸任後成功當選立委，卻與羅福助在立法院不對盤，還曾指稱羅是「黑道立委」，而這些綁架他的歹徒又與羅福助有所淵源，因此，廖學廣要求羅福助應該辭職以示負責。儘管嫌犯否認自己是天道盟的分子，但廖仍緊咬嫌犯與羅福助之間的關係，認為羅難辭其咎。而羅福助則矢口否認，不承認自己和這起綁架案有什麼關係。

在黑道慣用的伎倆上，關狗籠固然可怕，但也只是其中一種手段。那麼，到底黑道還有甚麼更嚇人的方式呢？比如說，活埋就是一個例子，這種活埋和所謂的坑殺不同，被警告的對象全身被埋在土裡，只露出一顆頭，不至於喪命。無論是關狗籠或活埋，目的都不在將對方殺掉，而是透過實際的行動宣告：「如果還敢再囂張，下次可能連命都沒了！」

而廖學廣被綁架時的台灣，黑道份子或與黑道關係緊密的候選人，正大舉透過各類選戰進入政壇「洗白」。他們在選舉時，有些趁著四下無人，跑到對手的競選總部開槍示威，有些則綁架對手的樁腳，逼迫對方不准再幫忙拉票，更誇張的是，有些候選人在投票日當天叫來成群黑道站在投票所前，選民心裡害怕，就不敢投給其他候選人了。即使成功當選，黑道仍然可以像廖學廣的案例一樣，恐嚇堂堂民意代表或官員，讓人怯於繼續發聲表達意見。

由於媒體文化的發達，今日政治人物的「黑底」已無所遁形，而候選人越來越重視自己在選民心中建立的形象，自然也不再明目張膽透過黑道威嚇對手。今天的我們或許該慶幸，手中投下的選票，無論黨派或意識型態，都是自己自由蓋下投票章的。

參考資料

① 陳佩琦，〈偵辦廖學廣被綁 警方林口大搜山〉，《聯合晚報》，一九九六年八月十一日，第二版。
② 唐復年，〈替天行道 警方不解〉，《聯合晚報》，一九九六年八月十一日，第三版。
③ 唐復年、盧禮賓，〈廖學廣細述驚魂夜 以爲會被丟入河？〉，《聯合報》，一九九六年八月十一日，第三版。
④ 姜炫煥，〈廖學廣綁架案 鄭信政等九人判刑〉，《聯合報》，一九九七年四月三日，第四版。

相關關鍵字頁面——黑道(102)、亮票(142)、黑金政治人物(155)、議會保護傘(213)

認眞、骨力、好央教

喝花酒

莊岳燊

提到酒店，不少人的第一反應就是台中的「金錢豹」。氣派的外觀，富麗堂皇的裝潢，以及高昂的消費門檻，金錢豹儼然成為台灣酒店的代名詞。不管是尋歡作樂、慶祝、甚至是「談事情」，許多男性總喜歡相約在酒店聚會。為了助興，不少人還會找來小姐坐檯陪酒，一個晚上下來花掉幾十張「小朋友」並不是什麼稀奇的事。

二〇〇四年，當時已連任四屆彰化縣議長的白鴻森，被檢舉在一九九九年到二〇〇〇年間，招待地方人士到金錢豹、假日、海派等知名酒店「喝花酒」——意即有姿色貌美的小姐在一旁陪酒作樂，但他卻用「議長拜訪政壇人物招待飲料餐費」的名義，詐取公款支付高達八十九萬多元的酒店消費。最後白鴻森被判刑四年，失去議長職位鋃鐺入獄。

白鴻森詐領公帑的案件爆發後，許多政治人物才發現「原來喝花酒不能報公帳」。之後，其他因為用公款喝花酒被判刑的民代、議長，讓大眾意識到，原來當時政治人物愛上酒店「喬事」的現象有多麼普遍。但是，是什麼原因造成這種「喝花酒」文化如此盛行呢？

台灣在一九六〇年代後期，因為經濟發展創造富裕的生活，連帶助長了花酒文化的發展。我們拿白鴻森的花酒案為例，調查顯示他實際報銷了三十二次上酒店的花費，平均一次要花掉將近三萬塊。正因為上酒店需要花費大筆金錢，當主客雙方選在酒店聚會，背後象徵的往往是邀請者對客人的尊重，或是客人地位的崇高。更不用說像「金錢豹」這種高級酒店，不同樓層代表的就是不同「階級」，能受邀到越上層的包廂，就越彰顯參與者身份的優越。

政治人物喝花酒，在身旁作陪的小姐也扮演了重要的角色。酒店小姐們聲音動聽，一不小心的就跌進了男客的懷中。不管客人要求什麼，她們都順從的照做，加上有時候故作生氣的撒嬌，讓在場男性一個個都春心蕩漾。

但酒店小姐的這些行為，其實別有用意。過去曾經有學者訪談去過酒店的客人，其中一個人是這麼說的：

> **我們在外面，西裝穿著，各有各的角色好像不一樣，但是到裡面去找女人，大家都是一樣的，距離拉近了。**

這句話的意思是說，無論是商人、議員、縣市首長，這些男性在進入包廂後，褪下平常的身份地位，都擁有一樣的共通點——找小姐、喝酒。這樣的情境下，男客們只顧著偷瞄小姐誘人的身材，根本顧不得平常矜持的道德判斷和防衛心。面對包廂中其他客人，即使一開始互不認識，但反正大家都是來找女人的，酒過三巡，大家都是好朋友了。而政治世界中講求的人脈網絡和社會資本，也就跟著累積起來。

不只如此，在等級較高的酒店，小姐們都有高度的社交手腕，能幫助主人拉攏和客人的關係，製造歡愉的氣氛，甚至透過言語、肢體動作影響客人在酒局中所做的決定。我們可以試想一個場景：廠商在酒店談簽約，一旁的小姐依偎在一旁，用酥麻到不行的嗲聲喊著：「簽啦、簽啦」，在酒精、髮香與誘人的聲音催化下，如果不簽下去，似乎就對不起小姐了。

而且，在台灣社會，「喝花酒」被許多男性認為是正當的「應酬交際」，而不是「賄賂」，也就有了名正言順的參加理由。在過去的花酒文化研究中，有受訪者覺得：

> 有很多人不敢有under-table（檯面下）的交易。他從高雄到台北談生意，你給他幾萬塊，他也許覺得不安，不過，你招待他吃飯、喝酒，最後再給他一個女孩，他覺得理所當然，這是應酬交際嘛。

喝花酒雖然被視為應酬，但透過女色、酒精投其所好，一樣能達成主人的目的，像是「讓廠商成功承包政府標案」、「工程驗收放水」……這種透過利益影響政府官員、民代做決定的方式，實際上和賄賂並沒有什麼不一樣，政府也因此逐漸增加禁止「喝花酒」的力道。

在狗仔跟拍、大眾輿論的檢視下，今日的政治人物為了維持形象，越來越不敢明目張膽的到酒店喝花酒了。此外，台灣在民主政治發展的過程中，女性參與政治活動的比例逐漸提高，以男性為主的喝花酒活動，不但排除了女性參與議事的機會，在酒店聚會中，小姐被當作交際的籌碼和潤滑劑，或將女生視為玩物的行為，也被女性政治人物加以撻伐。即使如此，台灣政治圈的「花酒文化」仍然沒有消失。有錢的政治人物或商人，開始在自家豪宅或別墅中關建「私人招待所」，將聚會場所從酒店換成家裡，減少在公共場所被跟拍的可能性。這樣看來，以喝花酒為裡由「交朋友、喬事情」的密室協商文化，仍很難有完全消失的一天。

參考資料

① 郭良傑，〈喝花酒A公帑八十九萬 彰議長判刑〉，《中國時報》二〇〇九年四月三日，C1版。

② 黃淑玲，〈男子性與喝花酒文化：以Bourdieu的性別支配理論爲分析架構〉，《台灣社會學》第五期（二〇〇三，台北），頁七十三～一三二。

③ 張榮仁，〈白天道貌岸然 晚上酒池肉林〉，《聯合報》二〇〇六年十二月十八日，A2版。

相關關鍵字頁面——政府預算(209)

揀著代表食百歲

一九九八年，角頭音樂推出了一張樂團合輯《𠃋國歌曲》，藉由旋律紀錄下二十世紀末動盪的台灣社會。其中，由董事長樂團所演唱的〈攏袂歹勢〉是這麼唱的：「揀著代表食百歲，一票較濟嘛予落……」[1]，意思是說，只要選上民意代表，就能撈一百年的利益，因此買一票再貴也值得。除了民意代表，上至縣長，下至政府公務員、警察，都可能藉著職務之便獲得各種好處。究竟政治權力能帶來多大的利益，讓人們不惜後果的追求？且聽我們在這一章娓娓道來。

1. 台文及音讀為：「Kíng-tioh tāi-piáu tsiah pah-huè, tsit-phiò khah tsē mā hōo lueh.」

土地徵收

吳昌峻

土地徵收，是由政府收購人民的土地，並給予一定金額補償，透過徵收來的土地開闢道路，或者進行其他建設。但是，不論民意代表或商人，都有可能因為獲得內線消息，或是有人暗中協助，插手土地徵收，從中大賺一筆。

一九八七年十月，中度颱風琳恩過境台灣，帶來了龐大的雨量，造成基隆河岸周遭的嚴重水災：在大雨停止後，許多平房的一樓幾乎淹沒在水中，等待救援的人們一個個只能坐在屋頂上。為了解決大雨淹水問題，政府在一九九一年開始進行基隆河第二次的截彎取直工程。

在基隆河截彎取直的工程之前，早有財團聽到風聲，覬覦基隆河旁即將整治的土地。由於基隆河過去氾濫不斷，當地居民生活都過得不太好，一聽到政府準備要徵收土地，每個人都相當緊張，生怕政府只用極低的價格徵收。因此，當財團準備大肆收購他們的土地時，居民根本顧不得能不能賺到錢，趕緊就把地給賣掉了。沒想到，財團這一批收購，用低廉的價格買入大量的土地，在土地徵收當中獲得大量的補償金，賺取價差。財團運用靈通的消息炒作土地，大賺補償金，使發放補償金喪失了原初的意義。

除了將土地賣給財團之外，也有許多當地的居民透過製造「幽靈人口」，詐領高額補償金。在一九八八年政府開始發放補償金時，許多民眾趁機搶著興建住戶，或是勾結戶政單位取得門牌號碼，虛報當地的居民人數，這麼一來，民眾就能拿到更多的補償金。在這種創造「幽靈人口」的過程中，不但有許多官員涉案，連民意代表都從中幫了一把。光是在基隆河某段的重劃區上，就有原本不住在這裡的三、四十位市民，在市府官員的協助下搭建鐵皮屋、取得門牌證明。這樣的情況被揭發後，檢調與政風室方才開始調查不法行為。

根據台北市養工處的統計，從一九八八年到一九九三年，為了補償基隆河整治工程中居民土地和地上物的損失，總共花了一百多億元。經過法務部調查局的調查之後，調查官發現養工處所採用的土地勘查、原始建物報告，並不是比較嚴格的水利科報告，而是採用比較寬鬆的路權科報告。不論是水利科或是路權科，都是養工處轄下的部門，水利科調查的版本是在截彎取直工程開辦之前所做，這時「幽靈人口」的狀況還不嚴重，但之後的路權科調查報告便冒出了一堆「幽靈人口」，進一步產生詐領補償金的問題。不只如此，媒體報導還揭露了，路權科在進行勘查時，很多地主已經準備點心和水果在一旁等候，這也使得勘查結果的公正性大有疑慮。

事實上，養工處的政風室在案發之初，就已經發現有不少地主與承租戶利用法律漏洞詐領補償金，但政風室卻以調查困難為理由，沒有繼續追究。不只如此，議員謝明達也曾在台北市議會指出有里長用不實的門牌詐領經費的現象。根據謝明達的說法，有民代從中對市府施壓，配合創造「幽靈人口」。市民在領取補償金後，為了要感謝這位民代的所作所為，就以每坪土地三百元的價格，捐贈給該位民代，作為「感謝金」以及贊助選舉經費。民代這種特殊的「選民服務」，透過制度漏洞輸送利益給民眾，讓收了好處的選民們欠下人情，換取民代下次選舉的選票，民代與選民之間建立了共存共榮、互相幫助的利害關係。

那麼，此案的當事人是怎麼說的呢？養工處處長謝維采在事件爆發後，矢口否認有冒領補償金的情形，而養工處政風室的調查報告，則宣稱全案查無實據，且尚未構成弊案，草草結案。根據當時的報導，政風處即使接到檢舉仍不敢大力辦案的原因，還是因為民代的壓力。

在這次基隆河截彎取直工程中被詐領的補償金，總額超過了一億多元。市府在訂定補償金領取規則時的草率，固然讓人有漏洞可鑽，但我們同樣也不能忽略了民意代表和政府官員在其中所扮演的角色。對許多民眾來說，日常生活中如果碰上了什麼困難或問題，就可能會尋求議員關說、幫忙。當事情順利解決時，基於「你幫我、我幫你」的心態，下次選舉時，自然就會繼續用選票支持，案例中民代幫助民眾詐領補償金的誇張行為，便因此層出不窮。對政府官員來說，每天工作除了要處理各種繁瑣的大小事，還要面對民代的找碴或施壓，一不小心甚至可能被調職。在這樣的環境下，不違逆民代的要求變成了生存守則，這一筆筆的土地徵收補償金，也在「上下交相賊」的情形下被消耗殆盡。

參考資料

①陳權欣，〈弊案形成的兩大疏漏　水利路權兩科勘查報告　擇寬認定　政風單位發現冒領情事　未予深究〉，《中國時報》，一九九三年八月十日，第九版。

②羊曉東，〈徵地開發　不顧市民權益？基隆河截彎取直部分整治區地主至議會陳情〉，《中國時報》，一九九三年六月十二日，第十三版。

③陳權欣，〈北市府官員談補償金冒領案發生原因法規標準不嚴　留下可乘之機〉，《中國時報》，一九九三年八月十日，第九版。

④陳權欣，〈基隆河土地補償金弊案　林瑞圖指另有內情揭發財團炒作牟取暴利〉，《中國時報》，一九九三年八月十八日，第十四版。

關說

這下慘了……

陳力航

江宗杜焦慮的搓著手，不知如何是好。我們故事的主角，是台中「中華國校」的一名員工。他用哥哥江宗烈的名義，在台中成立一間文學出版社，並且砸下巨資，於一九六三年三月至一九六五年二月間，出版三十二種國民學校教學用的掛圖[1]兩千套，和教師參考用書《計畫學習的理論與實際》兩千本。這些掛圖和書出版之後，卻幾乎沒辦法賣出去，他心裡也越來越著急。

就在這時，他忽然想到，老婆的哥哥林叔斌在台中市政府擔任秘書，岳父林阿成則是市議員。林叔斌是當時台中市長——地方派系「張派」始祖，張啟仲的好朋友，林阿成則在議會勢力龐大。一九六六年四月，江宗杜先請兩人協助脫手掛圖，關說張啟仲，請他做個人情，編列購買掛圖與書籍的經費。只要讓江宗杜的掛圖賣出去，所得的百分之四十會分給張啟仲和其他相關市府人員、市議員。

聽到這樣莫名奇妙的要求，張啟仲心裡猶豫不決，但在和市府國教股長洪建業、主編教育科預算的科員王邦商量後，還是決定幫忙。張啟仲把已經編完、送到市議會的預算書拿回來重編，列了一筆十萬零七百元的「校舍修建及充實設備」費用來購買掛圖，並透過林阿成在議會的影響力順利通過。

只不過，嚐到甜頭的江宗杜，嫌十萬塊「太少」。同年九月，他再一次請林叔斌、林阿成關說張啟仲，由市府出面收購掛圖和參考書，張啟仲於是授意下屬編列三十五萬元買掛圖、四萬六千元買參考書。但這次關說的金額太大，為了避免招標程序，張啟仲請各間學校自行採購，江宗杜則負責打通市府其他局處和買賣的工作。

江宗杜靠著關說請託，一年之內就從市府貪了將近五十萬。不過，紙終究包不住火，有人向司法行政部調查局台中調查站密告。經過一連串調查、逮捕、審判，江宗杜被處有期徒刑七年、林叔斌五年、林阿成則是兩年六個月。至於張啟仲原先被處有期徒刑五年，褫奪公權五年，雖然上訴後獲判無罪，卻被公務員懲戒委員會撤職，再也當不成市長。

這起「掛圖案」，可以說是台灣史關說請託的經典案例。江宗杜透過親族關係對地方首長進行關說，並且改變預算書、動用該年度的文教預備金，使自己從中獲益。但「關說」並不僅限於故事中的官商勾結而已，只要是涉及政府機關業務具體的決定和執行，諸如安插職位、在檢查中放水、土地變更等，都是關說的項目。一九六三年擔任省主席的黃杰和一九七三年

---

1. 掛圖類似掛軸，內容通常是各地的地圖。

時的省主席謝東閔，都曾經宣示要消除根植台灣的關說文化。那麼，在此之後的關說陋習有沒有逐漸消失呢？

來到一九九四年，台灣政壇的關說顯然沒有收斂的跡象。面對層出不窮的關說請託，國民黨立委，人稱「紅包本」[2]的廖福本，在五月語出驚人的向媒體宣布，他在不久前去函給包括中央各部會和國營事業在內的四十幾個單位，附上三種他所使用印章的圖式以及助理名單。這麼一來，各機關認明了廖福本的「註冊商標」，下次如果遇到假冒廖福本名義的關說，就不會受騙上當。沒想到，包含財政部的部分官員竟然表示「其實滿欣賞這樣的制度」。他們覺得，反正關說已經變成天天要面對的例行公事了，那麼可以認明是「立委本人」的關說，處理上也省事。

不只如此，一九九〇年代正是台灣賭博電玩店的全盛時期。不少當時的基層警員抱怨，許多賭博電玩店之所以難以取締，箇中因素就在於，只要警方前來取締，民代就會在業者的要求下趕來關說，造成警方查緝上的困難。如同前面江宗杜的故事，關說請託到頭來，總是為了圖利特定人士，還常常和貪污、非法行為牽扯不清。

有人的地方就有人際關係的互動，關說也就不可能完全禁絕。即使如此，政府機關仍然必須盡力杜絕這種風氣。我們今日身處的台灣，政府已訂定了「公務員廉政倫理規範」和「行政院及所屬機關機構請託關說登錄查察作業要點」。根據這兩個規定，如果公務人員遇到關說，就必須把內容登錄建檔，把關說的行為攤在陽光下讓大眾檢視。這麼一來，即使最後做出的決策與關說者一致，至少可以避免圖利他人的疑慮。只要關說不再氾濫，我們也就越能企及人人平等、公平競爭的社會。

2. 「紅包本」之稱呼，出自於當時人們爲了央求廖福本幫忙關說，贈送紅包的行爲，這也反應了廖福本在當時勤跑「選民服務」的形象。

參考資料

① 〈黃杰主席整飭政風 訂公務員十誡 通令所屬公教員工遵行〉，《聯合報》，一九六三年三月九日，第二版。

② 〈省府健全人事制度 徹底擺脫人情關說〉，《聯合報》，一九七三年二月二十一日，第二版。

③ 鄭憶藍，〈風捲畫圖！官商勾結集體大貪汙，掛圖弊案昨日提公訴，張啓仲名列榜首・十四人同涉重嫌，依戡亂時期貪汙治罪條例移送審理〉，《民聲日報》，一九六六年六月三十日，第三版。

④ 〈掛圖案三審官司終結！最高法院昨駁回上訴，宣告張啓仲三人無罪，江宗杜林阿成等部份發回更審〉，《民聲日報》，一九六七年八月五日，第三版。

⑤ 高年億、張錦弘，〈周人蔘「政商關係」活躍 員警盼拍蒼蠅也打老虎〉，《聯合報》，一九九六年四月十日，第三版。

⑥ 蔡振輝、沈明川、陳雲上，〈關說制度化 部分官員歡迎〉，《聯合晚報》，一九九四年五月十九日，第三版。

相關關鍵字頁面——**賭博電玩**(244)

營養午餐

吳昌峻

營養午餐，是關乎中小學生健康的社會福利，從一九六四年開始，國民政府依賴美援的資助，讓二十萬的在學孩童可以享用營養均衡的午餐。在營養午餐政策施行之初，眾多調查顯示，營養午餐確實可以改善學生的健康狀況，可謂一種「德政」。但是，即便政府最初立意良善，與營養午餐廠商相關的弊端卻層出不窮。一九九五年，新黨的議員金介壽就被爆出關說與施壓學校更換營養午餐廠商，相關新聞在一時之間甚囂塵上。一個縣議員為了營養午餐的廠商而大動肝火，看似是小題大作之舉，卻可從一個地方民代的營養午餐關說案，一探議員與營養午餐廠商間的關係，以及營養午餐政策在校園中，如何產生利益操作的空間。

本事件的主角，新黨的金介壽議員，在一九九五年十一月二十一日時，帶著同黨立委候選人蔡正揚，突襲檢查秀朗國小（位於今日新北市）的營養午餐。這看似是議員與候選人「關心」學校營養午餐便當的餐點狀況，卻牽扯出一連串的關說疑雲。我們可以從當時報刊所作的「關說行程表」，看出議員與營養午餐廠商間的利益關係。

在營養午餐關說案爆發前，金介壽早已對秀朗國小原營養午餐廠商「保磊」提供的食品感到不滿。一九九五年十一月六日，教育局體育保健課人員陪同金介壽視察營養午餐廠商，包括秀朗國小原本的營養午餐供應商「保磊」，以及另一家供應商「津津」。金介壽參訪當日，就表示要開放其他家廠商與「保磊」競爭，以提高秀朗國小營養午餐的素質。根據教育局長鄧運林的說法，當時陪同金介壽前往營養午餐工廠的教育局人員告訴他：金介壽希望由津津公司承包其中六分之一的便當，但這樣的作法違背校方與「保磊」原先簽訂的合約，讓校方與教育當局十分為難。十一月八日，秀朗國小開會決議要於十一月十六日參觀便當工廠。在事後政風處的調查中，秀朗國小的教職員指出金介壽議員曾向他們表明「津津」這家廠商相當好，力推他們去參觀。

在校方人員參訪便當工廠後四天，也就是十一月二十日，津津公司的合約就已經送到秀朗國小的主任辦公桌上；再隔一天，金介壽議員就帶著同黨立委候選人到秀朗國小突襲檢查，「建議」校方開放便當廠商，不能僅限於其中一家。而金介壽要開放的廠商，自然就是津津公司。金介壽當時氣焰囂張：「不給我做，大家議會見！」使得在場的校方與教育局人員面面相覷，相當尷尬。

由於金介壽議員「非常關心」營養午餐工廠的選擇狀況，秀朗國小校方在議員突襲檢查的當天下午，決定將營養午餐六分之一的配額給金介壽議員屬意的津津公司。十一月二十四日，案件終於曝光，台北縣政府政風處約談秀朗國小的教職員，他們一致認定金介壽議員的意向非常明顯，就是希望由「津津」公司承擔秀朗國小的便當業務。教育局立刻質疑校方簽訂新合約的合法性，秀朗國小也「從善如流」，案件爆發後的隔日，就終止與「津津」公司簽訂的合約。教育局官員表示，金介壽突襲檢查秀朗國小營養午餐的行為，既不能代表縣議會，也不能代表家長會，是一種不合時宜，而且有圖利嫌疑的行為。此外，外傳金介壽不僅打算在秀朗國小來這一招，還打算採取類似的手段，在其他學校打壓「保磊」的生存空間。

金介壽這邊則大聲喊冤，極力澄清自己是為了要讓多家營養午餐的業者「良性競爭」，不能讓一家廠商獨大。金介壽雖然對於「津津」公司的自動化設備讚譽有加，並認為餐飲素質比原有的廠商「保磊」更好，但他表示自己沒有「建議」秀朗國小校方選擇「津津」作為便當承包商。這番言論與教育局政風處在秀朗國小所作的調查結果不同，顯然情況並不單純。台北縣長尤清對於民意代表插手營養午餐的採購，認為學校的校長應該要拿出骨氣，不能因為民代施壓就讓步。他呼籲，學校校長要「公平辦事」，將外力的關說趕出校園。

然而，議員可以透過權力刪減教育局的預算，大砍對政府對學校的補助，因此尤清的建議，是要求權力較低的校長，出面抵制權力較大的民意代表，成效應該不會太好。在營養午餐的關說案中，政治人物擁有的權力被用來圖利和自己有關係的廠商，不僅如此，民代對教育預算的生殺大權，使其可以變相地綁架學校。在營養午餐的政治陰影下，除了校方受政治權力牽制，絕對的弱勢者恐怕就是那些吃著不營養的「營養午餐」、竟日被魚肉的國家未來棟樑了。

參考資料

①萬仁奎，〈新黨：將查證清楚 適當處置〉，《中國時報》，一九九五年十一月二十四日，第十三版。
②〈教育局：推介午餐廠商 有人涉關說〉，《中國時報》，一九九五年十一月二十四日，第十三版。
③李文輝，〈金介壽：強調做事清清白白坦蕩蕩 指責匿名檢舉不公平 表示如有關說將自動退黨〉，《中國時報》，一九九五年十一月二十四日，第十三版。
④李文輝，〈金介壽：從未說過要承包便當 指開放承包係校長會議結論 要求調查清楚〉，《中國時報》，一九九五年十一月二十五日，第十三版。
⑤〈教育局：不承認新合約 指校方未依規定將包商條件報縣核備 質疑合法性〉，《中國時報》，一九九五年十一月二十五日，第十三版。
⑥〈營養午餐關說疑案 有突破性發展 縣府政風室約談秀朗國小教職員 指金介壽多次「建議」開放包商〉，《中國時報》，一九九五年十一月二十五日，第十三版。
⑦〈秀朗國小營養午餐風波 尤清：民代插手 早有耳聞 表示學校代訂午餐是良心問題籲「公平辦事」將外力關說趕出校園〉，《中國時報》，一九九五年十一月二十六日，第十四版。

相關關鍵字頁面——**關說**(200)、**政府預算**(209)

政府預算

莊岳燊

印尼七日遊、美西大峽谷十二日遊、紐澳十四日遊、歐遊十二日、日本賞楓九日、土耳其、希臘、埃及十八日遊……這看起來就像是各大旅行社都會出現的熱門套裝旅遊行程，但事實上，這是法院判決中，一九九〇年到一九九八年之間，深坑鄉民代表會「出國考察」的行程。

負責安排行程的深坑鄉十四、十五屆鄉代會主席高銘金，透過編列預算，讓鄉民代表在世界各地購物、旅遊。為了籌措出國經費，高還搬出「府會和諧」的理由，要求深坑鄉公所補助，買單團員出國菸酒、吃飯的開銷。雖然這些行程名為「考察」，但出國前沒有考察計畫，回國後也沒有考察報告。一審法官認為這根本就是「假考察、真旅遊」，高銘金等人被判處最重的二十年有期徒刑。

依照當時法規，鄉代會出國考察一屆（四年）只能補助一次，每人三萬元，但高銘金等人卻違法編列預算，甚至連鄉代的家人都能用公款出國。不只如此，高銘金還將鄉代會每年沒花完的預算，也就是所謂的「結餘款」，存到鄉代會的帳戶，沒有繳回鄉公所公庫。當鄉民代表們卸任時，高把這些錢拿去買了十四個價值三萬多塊的鑽戒，刻上「高銘金贈」的字樣，送給大家作為卸任禮物。讀到這裡，你或許會好奇，在一九九〇年開始的這八年間，難道都沒有人發現，鄉公所的預算就這樣被拿來吃喝玩樂用掉了嗎？

其實，一九九七年時，鄉代為了再次到歐洲旅遊，又編列了一人五萬元，總共近六十九萬元的預算，但這次被鄉公所的承辦人員發現。承辦人員認為當時鄉政財源已經入不敷出，無法收支平衡，在鄉長秘書同意下，把這筆經費刪除。代表會見預算被刪，找上鄉長本人反應，鄉長便在公文上批示「為提昇鄉民代表會服務水平，預算照列」，讓代表們能順利出遊。

而且，一九九七年的這次旅遊，台北縣政府因為當時「省縣自治法」通過，不再實質審查鄉公所預算，因此沒有發現違法編列。同時，鄉代表們也知道台北縣政府不可能核可這件「出國考察」案，沒有向上呈報，成功矇混過關。

雖然代表會出國考察的預算不合法，本來就有刪除的正當性，但差點不能出國的鄉代表們仍然十分不滿。為了反制，他們刪除了隔年鄉公所預算中的一百五十萬元，一九九九年甚至刪了八百多萬的預算。

深坑鄉公所胡亂編列預算花用，並不是當時台灣社會中的唯一案例。其中的差別，只是地方政府機關使用什麼其他的理由花費公款而已。深究這個弊病，我們可以發現幾個問題。首先，在深坑鄉的例子中，台灣當時因為通過「省縣自治法」，預算屬於鄉代會自治項目，台北縣政府不需要實質審查，自然也就難以發現問題。雖然「省縣自治法」在一九九九年被廢除，但直到今日，台灣仍沒有一套監督地方預算的制度。為了解決這個問題，部分法界人士從二〇〇七年開始，就倡議訂定「地方預算法」，賦予上級機關監督的權力，如此一來，預算從一開始的編列、執行到最終的決算，都能攤在陽光下檢視，減少從中圖利的可能性。

除此之外，我們還可以注意深坑的鄉民代表們，因為不滿出國玩樂的預算被刪，轉而大砍鄉公所預算報復的行動。由於民意代表擁有刪減預算的生殺大權，地方首長為了維持府會關係，確保政策順利推動，便會配合民代要求，容許不合理的預算通過。因此，除了加強監督力道外，透過提升地方財政資訊的透明度，也能減少地方政治人物暗地裡交換利益的機會。

這起深坑鄉民代表貪瀆案，從一九九八年一審宣判開始，歷經長達九年的纏訟，在二〇〇六年由最高法院判決定讞。最終判決結果，法官僅就高銘金等人沒有確實繳回結餘款判刑，高成為唯一需要坐牢的人。

但綜觀訴訟過程，最值得注意的，或許是高等法院承審的法官在判決書中寫道的這段話：

按本省民意代表機構以公帑購贈紀念物品，固有未合，惟此種陋習行之已久，且各地皆然，當事者往往有積非成是之錯誤觀念。

也就是說，台灣各地錯誤使用預算的情形，在當時其實是一個普遍的現象。無論是用納稅人的錢出國旅遊，或是用公款買鑽戒，地方政府的預算在不知不覺中，就這樣被民代、官員拿來自肥享樂了。幸好，在政府財政逐漸透明、民間監督力量增強的今天，亂花預算的情形，終於能受到更多的重視和檢驗，慢慢的減少了。

參考資料

① 張琦珍，〈假考察眞旅遊 深坑鄉代會十八人被判重刑〉，《自由時報》，二〇〇二年十一月十五日。

② 〈台灣台北地方法院八十七年訴字第一七四二號刑事判決〉。

③ 〈台灣高等法院九十四年上更（一）字第一四八號刑事判決〉。

④ 黃書瑜，〈地方財政之預算監督〉，《全國律師》第二十一：三期（二〇一七，台北），頁九十五～九十八。

⑤ 王文玲，〈深坑鄉代貪瀆案 僅兩人定罪〉，《聯合報》，二〇〇六年四月八日，C4版。

⑥ 〈最高法院九十五年台上字第一七五六號刑事判決〉。

⑦ 〈台灣高等法院九十一年上訴字第三八四三號刑事判決〉。

辣著代表食百歲

議會保護傘

莊岳燊

來到六月，中小學校的畢業季。除了依依不捨的道別，畢業典禮的頒獎活動，是許多小朋友最驕傲的時刻。但是，一九九七年嘉義朴子市大同國小的畢業生嚴國瑋，卻一點也高興不起來。學業表現優良的他，畢業成績在班上排名第二，將獲頒嘉義縣議會議長獎，但當時的議長蕭登標正因「治平專案」受到通緝。嚴國瑋覺得這樣會讓「畢業生難得的榮譽留下污點」，不甘心之下只好投書媒體，向社會大眾徵求解決辦法。

這位議長蕭登標有什麼來歷，又為什麼會被通緝呢？蕭登標和其兄弟蕭登旺、蕭登獅等人，在嘉義政壇有重要影響力，其勢力被稱作「蕭家班」。其中，蕭登標有黑道背景，進入政壇後當選四屆議員。一九九七年，一名婦人出面指控，蕭登標因為覬覦她所擁有的農田地價看漲，便夥同手下把她抓到太保市一個偏僻陰暗的地方，關在狗籠裡長達七天，逼她得無償交出土地地契才能獲釋。蕭登標等人為了強取土地，竟然威脅婦人：「如果拿不出地契，一定讓妳死！」

除了以暴力霸佔土地，蕭登標為了籌措資金，用人頭向農會超貸千萬元資金，還被舉發向建商勒贖鉅款、擄人、殺人。這些受害者出面檢舉後，警政署長甚至直接下令警察局派員隨扈，保護檢舉人性命安全，可見蕭登標在地方上令人害怕的程度。

不只仗勢黑道施暴，蕭登標的勢力也滲透了檢警機關。一九九六年，法務部長廖正豪發動掃除黑道的「治平專案」，在追捕蕭登標的行動中，為了防止蕭得知風聲逃逸，整個逮捕計畫都保密到家。沒想到，在行動的前一天，蕭登標竟然早就知道消息，逃跑不知去向。一百三十天後，受到通緝的議長蕭登標終於現身，親自在縣長、警察局長都列席的議會舉行施政報告。報告結束後，蕭登標和嘉義縣警察局長鄭樟雄握手致意，鄭的臉上充滿尷尬，只能帶著僵硬微笑和蕭握手。

蕭登標不是通緝犯嗎？怎麼敢走向警察局長跟他握手？為什麼不逮捕他？

這是因為，當時的《省縣自治法》規定：

> 省議員、縣（市）議員、鄉（鎮、市）民代表除現行犯外，在會期內，非經省議會、縣（市）議會、鄉（鎮、市）民代表會之許可，不得逮捕或拘禁。

也就是說，除了在犯罪當下被發現的現行犯之外，只要議會、代表會不同意，警方就不能抓民意代表。蕭登標出現後，受到嘉義縣議會力挺，依照這條法律拒絕警察在議會會期中逮捕他。此項規定更廣為人知的別名叫做「議會保護傘」。為了保護蕭登標，議會決定延長這次會期並加開臨時會，續撐十九天的保護傘，在此期間，蕭前往監察院、法務部陳情，還以通緝犯之姿，出席總統李登輝舉辦的宴會。最後，蕭登標在保護傘消失的前一天，又再次從重重監視中消失。

蕭登標藉由保護傘，大搖大擺的出現在公眾場合中，在野的民進黨和法務部長廖正豪都同聲譴責，要求廢除保護傘。這條法律訂定的原意，是為了防止因為民意代表受到逮捕，使得議事、立法工作被影響，也避免少數黨的意見受到政治打壓，沒辦法充分發聲。然而，如蕭登標等黑金政治人物，卻透過選舉取得政治職位後，曲解保護傘的原意，利用法規躲避司法系統的拘捕。

逃亡兩年後，蕭登標終於在一九九九年投案，並在二〇〇一年因為背信、違法農會法被判刑定讞。同年為了因應凍省，《省縣自治法》被廢止，由新制定的《地方制度法》取代。在《地方制度法》中，同樣有保護傘規定，不同的是，新法條中，除了保留現行犯可以不經過議會、代表會同意就能逮捕的規定，還新增禁止通緝犯被議會保護傘保護，防止未來像蕭登標這樣的案件再度發生。

但是，打開保護傘的最終決定權，仍掌握在議會手上。在保護同僚的心理下，時至今日，新聞中仍時不時能看到涉案議員出席議會報告、質詢的現象，例如貪污喝花酒的前台中縣議長張清堂、賄選的前嘉義市議長郭明賓，都曾靠著保護傘躲避查緝。我們該期盼的是，台灣在民主制度逐漸健全的路上，民意代表能潔身自愛，選民也能掌握手中的選票，排除那些貪污、買票、黑道民代選上的機會，這樣一來，「議會保護傘」終能正常的貫徹立法原意，發揮作用。

參考資料

① 謝敏政，〈得到議長獎 畢業生不想要〉，《中國時報》，一九九七年六月二十四日，第七版。

② 〈蕭登標被指罷地 將寡婦關進狗籠〉，《中國時報》，一九九七年一月十九日，第六版。

③ 〈專案小組透露 蕭被檢舉不法事證至少十四件〉，《中國時報》，一九九六年十二月二十七日，第三版。

④ 〈檢警緝捕蕭登標落空 疑地方警察洩密〉，《聯合報》，一九九六年十二月二十二日，第三版。

⑤ 蔡長庚，〈跑路一百卅天 蕭登標戲劇性現身 檢警沒轍〉，《中國時報》，一九九七年五月二日，第一版。

⑥ 蔡長庚，〈縣議會再開保護傘 會期再延十九天 蕭登標醞釀反撲〉，《中國時報》，一九九七年五月三十日，第一版。

相關關鍵字頁面——**農會超貸**(72)、**黑道**(102)、**賄選**(129)、**黑金政治人物**(155)、**喝花酒**(191)

司法敗壞

莊岳燊

太陽下山，結束一天辛勤勞作的農人，一如往常的來到村落唯一的雜貨店聊天，順便看看新聞。

啥？哪會予伊逃走啦！1

這天是二〇〇二年三月的第一天，電視中正播報著前立委、屏東縣長伍澤元出國不歸，疑似潛逃的新聞。憤恨不平的鄉親是這麼說的：「這就是人講的：『有關係就無關係』啦！」

新聞主播口中的伍澤元，由中小學教師出身，進入政界後一路高升。一九九三年，他在國民黨的全力支持下擊敗尋求連任的民進黨籍對手蘇貞昌，當選屏東縣長。一九九六到

1. 台文及音讀爲：「Hannh？Ná ē hōo i tô-tsáu--lah!」，華語文意爲：「蛤？怎麼讓他逃跑了？」

一九九七年間，他因為在台灣省住都局長任內涉及四汴頭抽水站弊案，一審被重判無期徒刑，他涉及的另一項八里污水廠弊案同樣被求處無期徒刑。[2]

一九九七年，台灣高等法院以伍澤元罹患糖尿病、高血壓，准許他保外就醫。沒想到，他竟然在屏東縣立體育場公開舉辦「感恩餐會」，大開一千桌流水席，幫參選縣長的曾永權造勢。他還宣布參選立委，親自投入激烈的競選活動，最終高票當選。離開監獄時的伍澤元步伐不穩，需要旁人攙扶，參選後卻神彩奕奕，宛如一尾活龍。

二〇〇一年，官司纏身的伍澤元，在立委任期僅剩餘一個月時，向台灣高等法院以「前往日本考察交通建設」的名義，申請解除境管成功。伍在幾天後搭機出境，就再也沒有回來……。

伍澤元保外就醫，以及成功脫逃的荒謬事件，是當時台灣司法敗壞，受政治所操控的代表性例子。首先，對於伍澤元的交保出獄，國民黨省黨部主委洪德旋是這麼表示的：「伍澤元交保對國民黨輔選有良性發展！」

放出伍澤元，不但能幫國民黨拯救屏東縣長選情，也給了他參選立法委員，獲得政治保護傘的機會。除此之外，伍澤元案爆發後，意外查出了伍有一筆三千多萬，來自副總統連戰的不明匯款。黨政高層捲入案件，讓當時承辦伍澤元案的法官在極大政治壓力下，甚至說出「害怕自己變成林義雄第二」[3]的這種話，或多或少反映當時司法無法獨立，飽受政治干涉的現象。

再來，伍澤元所涉及的，是最重可處以無期徒刑的貪污重罪，他卻能一再獲得法院解除出境的限制，原因就是他身為立委所擁有的特權。伍澤元潛逃後，台灣高等法院解釋，他們是因為「尊重國會」，才准許伍出國考察。不過當時有律師以自己的辯護經歷投書指出，一般民眾受到調查、起訴，若被禁止出境，要解除限制可說是難上加難。反觀伍澤元卻能輕鬆的踏出國門，「法律之前人人平等」，在政治權力之前形同一句空話。更令人訝異的是，伍澤元所提出的，其實是一份憑空捏造的考察計畫，讓當時社會輿論強烈譴責法院根本就是「縱放」重刑犯。

政治力凌駕司法，司法機關本身也腐敗不堪。一九九七年，中華民國法官協會、台北律師公會、民間司法改革會公布了一份對律師的問卷調查。結果顯示，接近一半（百分之四十八）的律師表示自己確實知道曾經有律師或案件當事人向法官行賄得逞，讓法官做出有利於自己的判決結果。同年，雲林縣地檢署的檢察官蕭敦仁，在偵辦林內鄉農會賄選案時，竟然接受涉案人的二十萬賄賂和喝花酒招待，換取不起訴當事人。這些例子不約而同的顯示了，只要有錢、有權，司法系統就像是政治人物手中為所欲為的玩物。

那麼，今日台灣的司法單位，是否已經脫離過去「沒有獨立性」、「不公正」的指控了呢？二〇一二年，有學者統計並分析了二〇〇〇年到二〇一〇年之間，和政治牽扯最深的賄選案件。結果顯示，被告是不是國民黨籍，當選與否，這些政治權力都不會讓他們在判決中獲得優勢。除此之外，賄選官司也不會因為審理層級提高，就越判越輕，讓當事人順利脫罪。也就是說，過去所謂「法院是國民黨開的」、「當選過關，落選被關」或者「一審重判，二

---

2. 伍澤元在省住都局長任內，發包施工位於台北縣（今新北市）的四汴頭抽水站，過程中收受業者六百萬元的賄賂，他在八里污水廠弊案則涉嫌浮編工程預算，圖利特定廠商十四億元。二〇〇八年因伍澤元病逝，兩案皆停止審理。

3. 林義雄爲國民黨一黨獨大統治台灣時的著名黨外人士。一九八〇年，他因爲美麗島事件受到軍事審判時，母親和雙胞胎女兒在自宅被殺害，爲「林宅血案」。

審減半，三審不算」等等嘲諷司法單位廢弛的句子，已經有改善的現象。在民間司法改革單位與司法體系的努力下，我們終究能期待台灣的司法不再受到政治影響，能夠獨立公正的面對每一個法律案件。

參考資料

① 〈伍澤元現形記〉，《司法改革雜誌》第三十七期（二〇〇二，台北），頁五〇～五十一。
② 林永頌，〈伍澤元交保，人權或特權？〉，《司法改革雜誌》第九期（一九九七，台北），頁二〇。
③ 王時思，〈刑不上大夫？〉，《司法改革雜誌》第十五期（一九九八，台北），頁二十八。
④ 黃錦嵐，〈近半律師指證司法風紀不佳〉，《中國時報》，一九九七年三月二十一日，第六版。
⑤ 蔡維斌，〈貪汙檢轉律師 出庭被抓去坐牢〉，《聯合報》，二〇一〇年三月二日，第A9版。
⑥ Chung-li Wu, "Charge Me if You Can: Assessing Political Biases in Vote-buying Verdicts in Democratic Taiwan (2000-2010)," *The China Quarterly* 211 (Cambridge, England: Cambridge University Press, 2012), pp. 786-805.

相關關鍵字頁面——**流水席**(138)、**喝花酒**(191)

揀著代表食百歲

土地變更

吳昌峻

一九七六年九月十五日的下午，台北地方法院正在審理一起貪污案。

他怎麼會沒有拿錢！他拿了一百多萬，還百般刁難，要我加碼！

證人陳江明在庭上忿忿不平的叫嚷著，而他所指的人，是曾因為土地弊案深陷官司的前台北縣長蘇清波（一九二一～二〇一三）。

蘇清波因為在台北縣長任內推廣教育有成，有著「教育縣長」的美名。但翻開四、五十年前的報紙，讓蘇清波聲名遠播的，可不是教育推廣，而是「土地」案件。一九七二年，台北縣新店鎮鎮長卓定俊得知境內某塊綠地在都市計畫中會被改為商業用地，因此就先大肆以每坪三千元、總價兩百多萬元收購該塊綠地，並準備以每坪一萬兩千元元出售土地，趁機大撈一筆。然而，最終土地並沒有如預期變更，卓定俊不但計畫落空，還因為案件爆發而被收押。

當時，縣長蘇清波極力譴責，表示「在自己任內，絕對不會允准土地為了私益而變更為其他用途」。不過，不出一年，蘇清波自己就被捲入土地案件中。

一九七三年，監察院內政委員會調查發現，蘇清波的下屬，主計室股長李正傑，曾經請求蘇清波將台北縣三重的一筆土地出售給他，讓他在該土地蓋房子。而這筆土地屬於台北縣政府，不能出租、轉售，但蘇清波在收到李正傑的申請後，竟然同意。台北縣政府財政科發現後，向蘇清波表示不應該批准，但蘇清波置之不理，將土地租給李正傑。事實上，這塊地位於三重市的黃金地段，地價高，而且還會繼續上漲。李正傑在縣政府公開標售土地前，就先據為己有，之後便能大賺土地漲價的差額。一九七四年，蘇清波因為包庇李正傑濫權圖利，被公務員懲戒委員會議決停止任用五年。

蘇清波的麻煩事還沒有結束。他在一九七五年，又被爆出涉入一場永和土地變更的弊案。這起弊案最早可以追溯至一九六六年，當時台北縣永和鎮正在進行都市計畫修訂，一名叫做陳江明的地主，因為所有的土地被劃為公園預定地，而透過管道聯絡上負責都市計畫的組長張壽昌。陳江明希望自己的土地能夠開放為住宅區，給了張壽昌三十萬台幣賄賂，成功改變土地用途。沒想到，台北縣政府決定重擬都市計畫，陳江明的土地又變回公園預定地。這次，陳江明找上了議員林萬芳牽線，直接賄賂縣長蘇清波，請他幫忙將土地開放為住宅區。根據陳江明在法庭上的證詞，他斬釘截鐵地說自己曾經透過林萬芳，以一百五十萬賄賂蘇清波。不只如此，陳江明為了打通上下關係，從一九六六年開始就逐步賄賂政府各級公務人員，除了林萬芳和蘇清波外，台灣省建設廳技士、組長，省公共工程局副局長、省府參議全部涉嫌收賄。

此案於一九七五年八月爆發後，同年九月蘇清波就以經商之名前往日本。地方法院發現蘇清波有收賄嫌疑後，馬上對他發起通緝，但他早就開溜，跑到國外去了。在日本待了三百多天後，蘇清波於一九七六年返台投案，但他有備而來，提出了兩個對自己有利的證據：第一，當賄款送到他家時，他並不在家裡、第二，綠地本來就可以變成住宅地、商用地，這並沒有違法。同時，他堅決否認有從林萬芳手上拿過陳江明任何一毛錢，藉此擺脫收賄的控告。

陳江明則一口咬定自己的確有透過林萬芳賄賂蘇清波。不同的說法並呈，使案件淪為羅生門。雖然此案最終不論是地主陳江明、議員林萬芳還是縣長蘇清波，最終都因「罪證不足」而無罪定讞，但其他涉案的政府官員全部入監服刑，為自身的貪婪付出代價。

蘇清波任內所經歷的各種案件，實可作為台灣土地變更弊案的代表性教材。根據台灣法律，不同土地有各自的規定用途，像是「農業區」、「住宅區」、「商業區」等，而各區域內又有更細部的使用規範。一般來說，土地因為使用目的不同，地價就會有所差距，例如「農業用地」價值大多都小於「商業用地」，而這其中便產生了套利空間。政府官員透過各種管道，能先知道土地變更的消息，藉此替他人或是自身謀取私利，像是文章最前面的鎮長卓定俊案例中，他購買低價值的綠地，就是要等到變成商業用地時，高價賣出大撈一筆。此外，政府官員及政治人物還有能力批准或施壓變更土地用途，文章中陳江明賄賂蘇清波更改都市計畫土地使用種類的炒地弊案，就是例子之一。

儘管非法土地變更而被處以重刑的例子比比皆是，卻仍有眾多地主與公家單位不畏違法，偏向虎山行。說到底，在千萬、破億的龐大利益之前，能忍受誘惑毫不動搖的人，又有多少呢？

參考資料

① 〈省府擬妥 都市計畫施行細則 明定土地使用分區管制及建築面積與基地比例〉，《經濟日報》，一九六七年八月九日，第二版。
② 〈前台北縣長蘇清波 非法變更土地使用 監院提案糾正〉，《中國時報》，一九七三年九月十一日，第三版。
③ 〈包庇濫權圖利 蘇清波受懲戒〉，《聯合報》，一九七四年三月九日，第三版。
④ 〈卓定俊購地案檢方進行查證 新店十一號地變更用途 蘇清波稱縣府未予核准〉，《中央日報》，一九七二年十一月二十九日，第三版。
⑤ 〈妄圖綠地變黃金 買賣不成罪加身 新店鎮長卓定俊等四名被告 分別判刑四年半及六月不等〉，《中國時報》，一九七三年二月十七日，第三版。
⑥ 〈前台北縣長蘇清波、無罪定讞！永和炒地皮案 纏訟八年 幾番風雨 心情冷暖話滄桑〉，《中國時報》，一九八三年八月十八日，第三版。
⑦ 吳美凝，〈炒地皮．抖出有頭有臉人物 蘇清波．捲入公六公七漩渦 摘下台北縣長紗帽、與法院結不解緣 長袖善舞經商爲名、到國外暫避風頭〉，《中國時報》，一九七五年十二月三日，第三版。
⑧ 嚴章勳、陳進榮，〈流落東瀛三百多天 鼓起勇氣面對法律 蘇清波與律師研討案情 已找出兩件事對他有利〉，《聯合報》，一九七六年九月二日，第三版。
⑨ 〈永和鎮變更都市計畫 蘇清波否認接受賄賂 昨開調查庭、傳訊兩名證人 百五十萬元、地主堅稱送過〉，《中國時報》，一九七六年九月十五日，第三版。
⑩ 莊坤松，〈蘇清波無罪一身輕、帶隊出國 林萬芳七年心向佛、語意含禪〉，《中國時報》，一九八三年八月十八日，第三版。

相關關鍵字頁面——回扣 (230)

圍標

許雅玲

大家都是實力派，但是我呼籲大家要團結，如果各有各投的話，到最後讓你投到又怎樣？作價肯定壓的很低，我希望大家和氣生財，共同把這個工程的圓仔湯給搓好，共同分取政府的錢，我們政府很有錢啊！

第一、這個工程大概是十億，兩成利潤算就是兩億，我拿四千萬出來，你們七家分，每家就是五百萬，第二、政府下半年還有三個工程，我不投了，你們搓圓仔湯分我一份就是了，我話講完，誰贊成，誰反對？

電影《黑金》這兩段台詞講的是一九八〇到九〇年代，台灣黑道涉入公共工程圍標的現象。早期政府招標公共工程主要以最低價得標，因此有時廠商會事先串通好，談妥各家投標金額，設定由特定廠商出最低價得標，該廠商得標後，將得到的工程款部分分配給陪標的廠商，剩下才作為工程使用及自己的營運利潤。但在工程款已經是最低價，得標後又一分再分的狀況下，工程品質往往慘不忍睹。

公共工程的龐大利益令人垂涎，一九八〇年代時，有黑道注意到這塊大餅，開始插手營建業公共工程投標生意，從招標單位公告投標資料開始，就先跟蹤、網羅投標廠商，要脅廠商配合圍標、抽成。廠商就算好好憑實力獨自投標，或者覺得自己有「資格」談圍標分成，遇到找上門想來圍標的黑道人士，可不一定能全身而退……。

一九八四年六月，男子李阿用被發現昏倒在烏山頭水庫停車場附近，送醫後檢查出他昏迷前曾服用農藥。所幸，李阿用在接受診治後被救回一命。而李阿用在台北土城的家人正著急李阿用忽然不見蹤影時，接到警方通知，才知道他人居然出現在幾百公里外的烏山頭水庫，而且還農藥中毒昏迷不醒。

這一定是因為阿用拒絕黑道圍標，所以才被報復。

李阿用的妻子提到，李阿用失蹤前幾天，板橋市公所正在招標環河道路工程，李阿用去領取招標圖說時，遇到幾名男子上前攀談，詢問是否願意一起搓圓仔湯、圍標工程，但被李阿用斷然拒絕。

當警方正尋思李阿用到底是自殺？還是像他妻子所說，是被黑道謀害？李阿用終於甦醒了！醒來的李阿用表示，自己到板橋市公所領招標文件後，就有一名叫「平大」的男子打電話給他，約他到台北縣樹林鎮談圍標之事。但到了樹林之後，人就被平大和其身邊的男子帶上車，上高速公路一路往南開。途中他們原本談得好好的，但當價錢談不攏時，李阿用就被強灌農藥，接著不省人事。由於該次環河道路領標人數高達上百人，為當時少見，警方也認為李家的說法可信度很高。但當警方想要進一步詢問李阿用案情細節時，李阿用卻因為被灌食的是傷害無法回溯的巴拉刈，病情在七月初急轉直下，一命嗚呼。案件也因為線索極少，而陷於五里霧之中。

雖然警方最後沒有偵破此案，但由於手法兇殘，引起媒體、大眾對於黑道圍標的注意，不堪騷擾的營建廠商也呼籲政府積極取締。根據當時的媒體報導，黑道本身雖不一定從事營造業，但憑恃暴力和無孔不入的眼線，在一九八〇年代初期已經滲透至全台各地，風氣十分熾盛。有營造業者透露，在台北市甚至有飯店成為黑道談圍標的專門據點，每天晚上飯店餐廳裡開著一桌桌的酒席，但實際都是在談如何圍標、分配工程款。

而從黑道的觀點來看，當時黑道抽成的行情在總工程款的二到四成之間，而且不用繳稅、也不用承擔工程履約過程中的各種風險，撇開找人圍事的人事成本，可說是無本生意。因此直到近年，即便政府已經從政府採購法著手，強化招標過程的保密、公正性，並改良招標條件，多方阻絕廠商或黑道刻意圍標，但道高一尺，魔高一丈，重大公共工程圍標的事件仍時有所聞。

參考資料

① 何振奮，〈新聞辭典——圍標〉，《聯合報》，一九八二年十月二十三日，第十二版。

② 方寶柱，〈圍標風氣起自黑道介入？〉，《中國時報》，一九八四年六月二十八日，第五版。

③ 〈李阿用已清醒　指綽號「平大」者是主嫌〉，《中國時報》，一九八四年六月二十八日，第五版。

④ 陳啟明，〈圍標是招標制度的絕症嗎？「標」的故事之一〉，《經濟日報》，一九八一年十一月一日，第十一版。

⑤ 〈遭強灌農藥　包商李阿用病情轉劇〉，《中央日報》，一九八四年七月一日，第七版。

⑥ 〈黑道介入工程界　李阿用死得好慘〉，《中央日報》，一九八四年七月七日，第八版。

⑦ 〈李阿用遭強盜用農藥致死命案　警方借調招標名冊〉，《中央日報》，一九八四年七月八日，第六版。

⑧ 〈偵辦李阿用遭灌毒命案　轉向個人恩怨調查〉，《中央日報》，一九八四年七月九日，第六版。

相關關鍵字頁面——**黑道**(102)、**搓圓仔湯**(106)

揀著代表食百歲

回扣

許雅玲

一九八一年三月十二日一早，天空灰濛濛的佈滿著烏雲。南投縣建設局局長白水疊一如往常，正要打開卷宗，批閱公文。突然間，大批檢調人員破門而入，並馬上就從白水疊桌上的卷宗中，搜出三萬元現金。好好的公文卷宗，怎麼會平白無故夾了三萬元？又為什麼這麼剛好，讓司法人員當場逮到？

原來，當時台中地檢處早就蒐集消息和證據。在南投的工程圈中，盛傳白水疊運用職務收取回扣的事情早已行之有年，地方上對於白水疊的評價是「大小通吃」，平常的工程回扣大至數十萬，小至一千元都不放過。除了回扣，他還要廠商過年過節包紅包，據傳白水疊在一九八一年年初所收到的紅包，就高達上百萬。加上白水疊平常生活豪奢，在台中、南投分別有四棟房子，安置四房太太，格外引人側目。

由於事涉官司，和白水疊曾經來往的大部分包商都三緘其口，只有一名包商願意出面指認。但檢方很快就從白水疊的辦公室、台中、南投四個妻妾家中找到各種證物，包括記錄回扣的帳本、大量的房地產權狀。帳本上清楚記載往來的廠商、牽涉的工程案、日期，讓檢方有更多線索往下追查。而房地產權狀中，有很多正在準備變更土地用途，但大部分的持有人都不是白家人，甚至連白家人也不清楚這些持有者到底是誰。這使檢方懷疑白水疊是否濫用職權，任意變更土地用途，或非法向他人索討土地。

檢方在調查中還發現，白水疊會向包商從總工程款中，要求高達百分之十五的回扣，以一個五百萬的工程來說，百分之十五的回扣就高達七十五萬。但白水疊也發現，由於驗收過程通常還要會同主計課等其他課室，一起按合約核實勘驗，在其他同仁在場的情況下，不一定有機會藉故刁難索賄，因此他也從行情不一的「工程設計費」下手。所謂的工程設計費，是公家機關委託民間工程公司設計、監造的費用。當時台灣省政府規定中，只要求工程設計費總額不能超過總工程費的百分之三，實際金額可以由地方建設局自行決定，也比較容易核銷，讓白水疊更有上下其手的空間。此案經過調查、審理後，在同年八月審結，白水疊因爲違反懲治貪污治罪條例，被重判十七年六個月的有期徒刑、並褫奪公權十年。

在公共工程或機關設備採購過程，廠商想要拿到政府標案、順利施工，除了要突破圍標的關卡外，「回扣」這一關也不可不慎。回扣在這裡指的，是政府官員向廠商索取其承包案子中的一部分利益，換取讓廠商成功得標、驗收放水等好處。站在廠商的立場，如果拒絕官員討取回扣的要求，對方一不高興，不只事後百般刁難，未來可能一個案子都標不到。再來，即使一個標案被拿走了百分之十五的利益，只要最後還有錢賺，廠商還是會摸摸鼻子乖乖付錢。但是，即使廠商冒險付給公家單位回扣，事情也不只是單純見面交錢這麼簡單。以政府採購案為例，雙方所訂定的合約，因為牽涉回扣，可能導致金額過高，啟人疑竇，有時候還需要偽造文書，憑空編造其他項目遮掩，觸犯更多法條。

事實上，回扣出現的場合相當廣泛，不只會在政府的公共工程採購時出現，政府徵收民間土地、或任何權力關係不對等的商業行為中，都有可能發生。

在戒嚴時期，金融管制較為嚴格、民間銀行也還無法獲准設立，[1]商家向銀行、信用合作社申請貸款融資有諸多限制。即便準備好規定的擔保金、保證金，填了一堆書面文件，但是能不能順利把錢貸下來，還得看行員的臉色。在一九八〇年時，省議員林文雄甚至在媒體揭露：商家向銀行貸款，除了要應付層層審核外，要另外付給銀行百分之五到百分之十的回扣這件事，根本就是公開的秘密。然而在銀行及信用合作社的「謹慎」審核下，呆帳、冒名貸款的狀況居然還層出不窮，顯然在放款對象的把關上，有很大的問題。當時林文雄議員對此議題講得含蓄，但從他指出的種種問題，並不難看出，在當時要向金融機構申請貸款，要不就是有關係、背景，要不就是讓銀行或信用合作社收取回扣，如此才能順利申請。因此他要求當時的台灣省財政廳長徐立德嚴加監督金融機構。然而，才不過五年，震驚台灣的十信案爆發。主掌台北市第十信用合作社的蔡辰洲被爆出長期以人頭違法挪用內部資金，甚至透過龐大的立法院人脈掩護其行為。

近年不管是在政府工程採購或者土地案件，如果遇到政府官員藉故刁難、收回扣，申訴管道已較早期開放、透明，而在金融單位的部分，民間商業銀行陸續成立後，市場競爭激烈，民眾有更多貸款管道，索討回扣的情形也不復見。儘管如此，官員、廠商、民眾在貪念作祟下，回扣實際上仍然無法杜絕，如果真的遇到這類事情，千萬不要試圖以非法途徑與政府單位解決問題，以免觸法。

1. 台灣直至一九九一年始開放核准民間商業銀行的設立。在此之前，民眾貸款的管道少，成功融資的難度亦高，造成支付行員回扣以換取借貸的現象層出不窮。

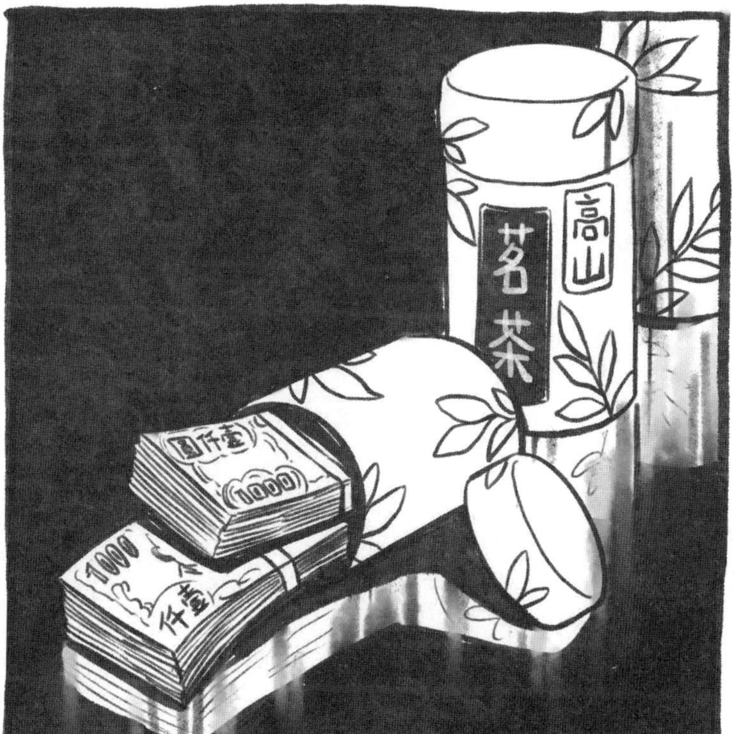

參考資料

① 〈向銀行借錢眞的傷感情 除了送回扣還要看臉色〉，《中國時報》，一九八〇年四月十六日，第三版。

② 徐文興，〈臭包看出陳年積弊 索賄顯示非止一人〉，《中國時報》，一九八一年三月十四日，第三版。

③ 呂天頌，〈建設局長索回扣 設計費上動手腳〉，《聯合報》，一九八一年三月十五日，第三版。

④ 〈圖利包商索工程回扣 白水疊判十七年六月〉，《中國時報》，一九八一年八月二十七日，第三版。

⑤ 〈南投建設局長白水疊 涉嫌受賄當場被查獲〉，《聯合報》，一九八一年三月十三日，第三版。

⑥ 〈白水疊涉嫌受賄應訊頻呼冤 陳包商作證指證送過四次錢〉，《聯合報》，一九八一年三月十四日，第三版。

⑦ 呂天頌，〈建設局長收紅包 逮個正著 調查人員佈內線 掌握機先〉，《聯合報》，一九八一年三月十四日，第三版。

⑧ 〈白水疊涉嫌索回扣 依貪污罪提起公訴〉，《中國時報》，一九八一年七月十日，第三版。

相關關鍵字頁面——**信用合作社**(76)、**土地變更**(221)

揀著代表食百歲

砂石

莊岳燊

我現在有急事，正在跟人家談！

一九九九年十一月二十四日晚上九點多，三十八歲，來自新竹的黃兆能在苗栗的一個公共電話亭回了一通電話給自己的跟班兄弟。他在說完「有什麼事明天再談」後，便匆匆忙忙的掛斷電話。

十幾分鐘後，苗栗警方接到一通來自苗栗縣議會議長陳添松的電話，他在電話的另一頭聲音顫抖的說，自己被人恐嚇，要警察快點來。沒過多久，警方集結到陳添松家樓下，準備進屋抓人。這時，陳家樓上一個聲音吼道：「再上來就丟汽油彈！」，不敢大意的警察們正要準備滅火器時，大火已隨著巨大的爆炸聲開始蔓延開來。火勢在趕來的消防隊支援下順利撲滅，警方進入陳家搜查，並在二、三樓樓梯間發現一具屍體——從殘存的身份證證明了，他就是不久前才和兄弟講完電話的黃兆能。

事後，家中同時經營油漆買賣的陳添松供稱，當天打烊後，黃打電話來說要買油漆，當他打開鐵門時，門口站著一個頭戴安全帽及口罩的男子，一言不發的將一封恐嚇信遞給他。他直覺對方要對自己不利，便奪門而出，逃到附近住戶家打電話報警。但是，為什麼黃兆能要恐嚇陳添松，又怎麼會離奇的死在陳添松家中呢？鑑識結果指出，他的左胸被霰彈槍轟出一個窟窿，使他立刻斃命，之後屍體才被焚燒，因此極有可能是被他人殺害。

那麼，是什麼原因讓黃兆能招來這場殺身之禍呢？根據當時警方的調查發現，黃生前財務出現狀況，為了填補資金缺口，便看上了利益龐大的砂石產業。他透過關係取得苗栗南庄鄉的一處邊坡土石開挖工程，藉此挖取砂石，沒想到卻被人檢舉，使得砂石沒辦法運出。黃為了解決問題，付了十五萬給中港溪地區的民意代表，請對方幫忙疏通警察單位和抗議民眾。然而，民代拿了錢卻不辦事，黃一氣之下揚言要斷人腳筋，卻在陳宅談判時先受對方毒手。

警方的專案調查小組提出的另一個可能性是，由於南庄鄉這邊的砂石利益並沒有想象中的大，黃看上了台中縣大安溪一處三公頃的砂石開採利益。這塊地的開採權，原本已經有苗栗的一名鄉民代表介入，黃兆能為了搶下開採權，透過一名退休公務員付了一千五百萬元的公關費，讓這名民意代表大為不滿，找來了台中的黑道從中阻撓。最後，黃兆能不但沒有獲得開採權，連一千五百萬都拿不回來。人脈廣闊的黃也找來了黑道，想要索回公關費，卻因此擦槍走火，喪命槍口之下。

一九七〇年代開始，台灣因為十大建設及蓬勃的建築業發展，對建築原料的砂石需求水漲船高。來自河川堆積的砂石是現成的天然資源，開採砂石除了怪手、砂石車，幾乎就沒有其他額外成本了，因此利益龐大，導致非法盜採層出不窮。盜採砂石的手法主要可以分成幾個不同的方式，其一是承包政府單位的河川疏濬工程，但超量挖走合約中規定的砂石數量，另一種方式則是配合政府清除河川地上的廢棄物（如拆除非法砂石廠或清理廢土），業者一方面龜速的清理廢棄物、拖延工程時間，一方面則以最快的速度盜走四周品質良好的砂石。盜採砂石究竟有多好賺？舉例來說，二〇〇二年，流經台中的大安溪爆發聯合盜採砂石案件，業者採砂的所得，竟然高達新台幣二十億元！

賺錢的生意大家都想做，但最後勝出的，往往是有著槍砲武力、成群小弟而讓人避之唯恐不及的黑道、或由黑道撐腰的業者。他們為了躲避查緝，常買通警察局附近的檳榔攤或店家，只要警車一出動，砂石業者馬上就藉由無線電通知鳴金收兵，業者有時也會透過金錢賄賂，買通官員和警察，互相分食採砂利益。一起參一咖的，還有政治人物。當檢警收到檢舉來調查時，民意代表必定前來關切，公開痛斥檢察官「妨礙救災疏濬！」「胡亂查辦！」甚至透過行政管道施壓檢調不得調查。砂石業者、黑道樂得和政治人物合作，其中有些人，在累積巨額財富後，更選擇自己參選議員或立委，進一步鞏固自己的砂石利益。

至於黃兆能的命案，在十天之後出現了重大的逆轉。一名黃的小弟出面供稱，他在黃的要求下協助整起綁架議長的行動，而恐嚇勒贖的信件也接著被證實是黃兆能的筆跡，警方轉而認為，整起事件應該是自殺。但是，既然要綁架議長，怎麼會那麼容易就讓人質跑掉？綁架不成，為什麼又要跑進議長家自殺，而不跑走？被一槍斃命的黃兆能，又怎麼可能點火自焚？如此誇張的偵辦轉向和種種不合理的疑點，使家屬質疑背後有政治勢力介入，企圖掩蓋事情真相。整起案件在事發一個月多後，就再也沒有任何進展。黃兆能究竟是不是因為砂石的龐大利益糾葛命喪黃泉？恐怕再也沒有人知道了。

參考資料

①何來美，〈陳添松叫消防車顯示他知道要縱火〉，《聯合報》，一九九九年十一月三十日，第三版。

②何來美、黃宏璣、黃瑞典、陳奉秦，〈夜闖苗縣議長家自焚 死者黃兆能疑爲陳添松合夥人〉，《聯合晚報》，一九九九年十一月二十五日，第三版。

③陳一雄，〈警方研判：兩幫談判擦槍走火〉，《聯合報》，一九九九年十一月二十八日，第三版。

④黃瑞典、陳奉秦，〈黃兆能 疑採砂生意佈線招禍〉，《聯合報》，一九九九年十一月二十九日，第三版。

⑤劉福奎、黃瑞典、黃宣翰、陳奉秦，〈家屬觀點 陳添松公親變事主〉，《聯合報》，一九九九年十二月三日，第十九版。

⑥黃宏璣、黃瑞典、陳奉秦，〈黃生前曾因跳票惹衝突〉，《聯合報》，一九九九年十二月二日，第八版。

⑦何來美、黃瑞典，〈黃遇害當晚 海線黑道集結〉，《聯合報》，一九九九年十二月一日，第八版。

⑧吳文忠、曾耀賢，〈淺論盜採砂石與公務員貪瀆關係〉，《日新半年刊》第七期（二〇〇六，台北），頁一〇八～一一〇。

⑨〈台灣苗栗地方法院九十年訴字第三十九號刑事判決〉。

相關關鍵字頁面——**黑道**(102)、**關說**(200)

揀著代表食百歲

色情產業

莊岳燊

二〇〇一年八月二十二日，《壹週刊》辦公室被三名歹徒闖入，拿起球棒就是一陣亂砸。[1] 當時進軍台灣不滿一年的《壹週刊》，因為屢屢揭發各種社會事件黑幕和跟拍公眾人物私生活，受到極大關注，同時累積了許多不滿的仇家。九月，警方陸續逮捕了砸毀辦公室的三名嫌犯，但背後牽扯出的，卻是另一起民代經營色情業的誇張醜聞……。

教唆三名歹徒砸毀《壹週刊》辦公室的幕後主使，是當時的嘉義市議員侯金良。《壹週刊》在辦公室被砸前的八月十六日，以一篇「警察束手，民代大搞色情業」報導侯金良藉著議員身份經營脫衣酒吧的內幕。走進這家位於嘉義市新榮路的Pub（酒吧）「視代」，一樓外觀就像當時流行的泡沫紅茶店，需要經由小弟通報後，才能上到二樓的「情色樂園」。

暗地訪查的記者在報導中這麼紀錄著春色漫溢的景象：

僅著薄紗、面貌青澀的「小琳」立刻上前招呼：「可不可以秀？」。不等客人答話，「小琳」自動張開白皙大腿往客人身上跨坐，隨即脫掉衣服，一絲不掛隨著音樂瘋狂搖動，還以「雙峰」替男客「洗臉」。……像小琳的女郎還有二十幾位，一看客人上門，立刻蜂湧而上。而被包圍的熟客似乎習以為常，不斷從口袋掏出小費給小姐……。

Pub內的女郎，有些大跳裸體鋼管舞，有些坐在客人身上磨蹭，並任由客人撫摸身體。在報導刊出後，警方發動突襲臨檢，竟然發現還有未滿十八歲的脫衣小姐。這些在Pub從事性交易[2]的女子，所收到的小費必須繳交六成給經紀人，有些小姐，則簽了兩年的鋼管舞契約，在約滿前只能由經紀人安排，在各個色情酒吧或KTV中跳舞賣笑。雖然如此，擔任「議會警政小組召集人」的侯金良卻絲毫不受影響，在隔年不但連任議員，還高票當選副議長。

在《壹週刊》被砸的十個月後，侯金良終於在「視代」Pub中，被以現行犯逮捕，但逮捕他的卻是台南縣警察局與刑事警察局，嘉義警方事前完全不知情。

這是怎麼回事呢？在侯金良被捕後，嘉義市警方表示：

1.《壹週刊》在二〇〇一由港商壹傳媒出版有限公司台灣分公司在台灣正式發行，二〇二〇年結束營運。《壹週刊》以揭發公衆人物私生活與聳動內容著稱，時常引起爭議及內容不實的指控。

2. 根據刑法，性交易的範圍不只包含傳統性器接合的性行爲。觸碰，或是客觀上足以滿足性慾的行爲都可以符合這個定義。

（我們）明知侯金良是該PUB實際負責人，但因他的身分、地位特殊……實在拿他沒辦法。現在被他轄（指台南縣警察局）破獲，是幫當地警方處理燙手山芋。

也就是說，嘉義警察早就知道侯金良經營色情酒吧，卻因為侯金良的議員身份不敢行動。在台灣，警察局隸屬於各地地方政府，警察局年度預算的刪減，掌握在議會手中。因此，議員如果遇到膽敢「找麻煩」的警察，就能在審議預算時，對警方處處刁難。在侯金良被捕前，「視代」Pub開門營業，時不時就能見到他坐鎮酒吧，待到凌晨才離開。而二〇〇一年嘉義警方擴大臨檢時，「視代」則透過管道提前得知消息，逃過一劫。侯的議員身份，就形同一張護身符，使得人人都知道暗藏春色的「視代」Pub違法，卻仍然束手無策。

除了受到民代壓制之外，部分不肖警察還會和色情業者合作，共謀其利。最常見的例子，是從事色情業的業者藉由定期行賄警察（稱作「拜土地公」），換取警察對非法行業的默許。而有些警察在退休後，會選擇到色情行業當公關或保鑣，這麼一來，業者有「白道」保護，地方上的黑道就不敢騷擾。

在這個事件中，我們沒辦法得知當時的嘉義市警察是否受侯金良施壓、收取侯金良的賄賂，抑或是兩者皆有，才讓「視代」能安穩的經營下去。侯金良在二〇〇三年因為經營色情酒吧等案件被判刑八年，出走前往中國，在二〇〇九年因為肝癌病逝。台灣的色情產業，則在政府大力打擊下，逐漸消聲匿跡。近年來，有越來越多呼聲，支持警察局回歸中央統一管理，改善警察機關受制於地方政府的窘境。但直到今日，民代施壓警察，及警方包庇色情業者的新聞，仍然時有所聞。台灣要能夠徹底消除事件中這種剝削女性的悲劇，恐怕還需要很長的一段時間。

參考資料

① 朱中愷（二〇一九）。〈偷拍檔案〇八一〉議員與惡的距離 壹週刊被砸眞相。（二〇二一年四月十五日檢索）。

② 朱中愷（二〇一九）。〈偷拍檔案〇八一〉PTT小商人爆料前傳 民代橫行嘉義色情實境秀。（二〇二一年四月十五日檢索）。

③ 〈台灣高等法院九十二年上易字第一七四一號刑事判決〉。

④ 〈台灣嘉義地方法院九十年訴字第八一九號民事判決〉。

⑤ 黃煌權、陳永順，〈侯金良被捕 議長率議員探視〉，《聯合報》，二〇〇二年六月五日，第二十版。

⑥ 陳國霖，〈色情行業〉，《黑金》（台北：商周，二〇〇四），頁七十～七十一。

相關關鍵字頁面——**黑金政治人物**(155)、**政府預算**(209)

賭博電玩

陳力航

一九九六年四月十日上午，法務部的調查官出擊搜索電玩大亨周人蔘位於林口的電玩轉運站，查獲了大批ＩＣ板和賭博性電玩機具。調查人員驚訝的發現，這些電玩機台當中，有一些理當已經被查扣沒收，卻神不知鬼不覺的被搬了回來。同一天下午，警方直搗周人蔘總部，所有在場的人卻都看傻了眼：每一道門都有電眼監看，按下密碼按鈕，櫃子緩緩移動，出現了密室……。在這裡，調查人員發現許多警界收賄的證據，震驚全台的周人蔘案，就此爆發。

周人蔘最早只是個電玩機台的維修工。一九七九年，他在台北萬華開啟了他的賭博電玩事業，並逐漸將版圖延伸到台北縣（今新北市）三重一帶。創業初期，周人蔘和其他同業各賺各的錢，分食電玩市場的大餅，然而，這樣的局面在一九八八年完全改觀。從這一年開始，台灣的房市和股市瘋狂上漲，不少滿手鈔票的民眾開始沈迷賭博機台，希望繼續贏錢發財！但真正賺翻的，卻是周人蔘。

他一人所經營的電玩店，瓜分了全台北市一半的電玩利益，光是其中一間在萬華的店面，就曾經創下一天七千萬元的營收。周人蔘獨霸電玩業的箇中原因，在於廣結善緣、並肯花大錢買通政府機關。為了結交警界與司法界的人員，周人蔘在台北市中山區設立一間KTV，作為警界與司法界人士的招待所，免費招待那些對電玩業握有生殺大權的人士。如此多年經營下來，周人蔘雄厚的政商關係，成為他事業的護身符。他的電玩店面招牌以「金」字開頭，每當警方開始取締賭博電玩，周人蔘的「金台灣」、「金萬華」等店總是能安全下莊，神奇的沒有警察上門。

案件爆發後，曾有警察回憶，自己在一九九〇年時，為了執行賭博電玩的查禁政策，開始取締周人蔘的店面，但店家總是早他們一步得到消息，員工甚至列隊「恭迎」警方蒞臨。當這名警官決定改變方式，轉而密集臨檢，兩三個小時就去一次周的店面時，他不但沒有受到嘉獎，反而引來上司惡意逼退，落得最後只能摸摸鼻子，請調離開原本的派出所。

只不過，紙包不住火，雖然周的人脈雄厚，但並不是每個警察都可以被收買。負責查緝的警方，依靠搜出的名冊，讓這些庇護周人蔘的警界、司法界人士一一現形，其中有員警每個月固定收取十幾萬賄款、檢察官則需要花一百至兩百萬擺平。然而，案件並沒有就此打住，除了行賄警察和檢察官，周人蔘還試圖將人脈拓展到地方、中央民代。舉例來說，周曾經藉「考察電玩業發展」的名義，贊助一百萬元廣邀立法委員出國。檢察官在周的帳冊中還發現，他每個月會提供五萬、十萬不等的款項贊助不分藍綠的十餘名立委。不只如此，事業龐大的周人蔘另擁有一家電視台及一間建設公司，其中投資者不乏民意代表、政府官員，在在都顯示了他經營政商關係的成功。

周人蔘這樣的作法，等於為他的非法電玩王國加上一層更穩固的保護。根據警方對媒體透露的訊息，如果電玩業者碰上了員警臨檢，民意代表就會以「服務選民」的理由，立即趕到現場「恭候員警指教」，施壓警察收兵。有些民意代表則會指揮警方查報特定對象經營的違法產業，而與民代關係較好的同行則不受騷擾，這麼一來，業者形同變相的動用警力，幫自己剷除競爭對手。

賭博電玩利潤龐大，有些政治人物甚至選擇自己跳下來經營。一九九五年，桃園縣議會（今改制為桃園市議會）的前後任議長吳振寰、許振澐，就因為經營賭博電玩「環亞遊樂場」而被判刑入監。這間賭博電玩店每個月的營收高達上億元，吳、許兩人則隱身幕後，每次受到查緝就推他人出來頂罪。一九九一年時，則有民代大剌剌的在服務處設置機台讓民眾前來消費，完全不把稽查人員放在眼裡。

一九九四年陳水扁當選台北市長之後，開始雷厲風行的掃蕩賭博電玩業，以往呼風喚雨的周人蔘終於被逮捕。然而，根據判決結果，周人蔘僅被判刑一年三月又十五天，並於二〇〇五年出獄。

作家張大春曾在文章中描述「那種地方（賭博電玩店）冷氣機裡會吹出安非他命」，形容當時人們瘋狂沈溺其中的現象，然而，隨著政府查禁和網路技術的快速發展，這些電玩機台不再受到青睞，漸漸退出了人們的視線，而政治勢力在其中所留下的痕跡，也慢慢的被淡忘了。

Slot
YOU WIN!!
7
7
7

參考資料

① 電玩的誘惑（一九九六年四月二十四日）。（二〇二一年五月三十一日檢索）。

② 劉世怡（二〇一九）。纏訟二十三年周人蔘電玩弊案 前北市警官判刑五年半。（二〇二一年五月三十一日檢索）。

③ 錢利忠（二〇二〇）。捲入「周人蔘電玩弊案」落跑二十五年 警方「白手套」張台雄逃追訴期不起訴。（二〇二一年五月三十一日檢索）。

④〈電玩大亨周人蔘呼風喚雨〉，《中國時報》，一九九六年四月九日，第六版。

⑤ 高年億、張錦弘，〈周人蔘「政商關係」活躍 員警盼拍蒼蠅也打老虎〉，《聯合報》，一九九六年四月十日，第三版。

⑥ 高凌雲，〈贊助經費百萬 周會廣邀立委出國考察〉，《聯合晚報》，一九九六年十一月五日，第二版。

⑦〈黑白兩道 掩護非法電玩〉，《中國時報》，一九九一年二月七日，第十四版。

⑧〈員警反撲：民代「服務選民」施壓〉，《聯合報》，一九九六年四月十八日，第三版。

⑨〈桃縣議長 依賭博罪起訴〉，《聯合報》，一九九四年二月十七日，第六版。

相關關鍵字頁面——**司法敗壞**(217)

環保局

曾沅芷

環保、環境保護，這是二十一世紀後期逐漸在人類社會中發揚的理念。因為人類過度的工業開發、製造垃圾、消耗能源，導致地球生態環境遭受不可逆的破壞。許多有志之士注意到這些問題，開始倡議把環保概念落實於我們的生活。政府施政也納入了環保思維，成立正式部門來處理環保事務，以台灣來說，除了中央的環保署，就是各地的環保局。

環保局雖然是公務機關，理應遵守行政中立，但環保局畢竟也是由人組成的，裡面會有不同的派系，也會受到地方勢力的影響。人民期待環保局能超然地遵守法令，對所有違反環保法規的人一視同仁，但實際執行上卻深受當權者力量影響，蔡吉輝事件就是很好的例子。

一九九二年十月的嘉義縣溪口鄉，發生過這樣的事情：有三個養豬戶，同時被人檢舉他們的養豬場沒有裝設廢水處理設備，這三人分別是鄉長的老公、鄉公所秘書的弟弟，以及前鄉民代表會主席蔡吉輝。

環保局接獲檢舉之後，派了稽查人員到蔡吉輝的養豬場查看。到了現場，稽查人員問了蔡吉輝一個問題：「你是屬於哪一派的？」

這個問題很奇妙，作為環保局的稽查人員，不是應該關注廢水排放設備的問題嗎？但對方最關心的，卻是養豬場主人屬於哪個地方派系。蔡吉輝不是傻子，就回答得模稜兩可，說自己在鄉公所與農會都有朋友。如果稽查人員出身當地，應該就會了解蔡吉輝的意思，因為溪口鄉鄉公所當時屬於嘉義縣黃派，農會則屬於林派勢力。

蔡吉輝當場提出要解決廢水問題，等到雨季過後，他就會來興建廢水處理設備。然而他的計畫並不能幫他躲掉罰單，稽查人員不管他的說詞，以沒有廢水處理設備為由，開了一張三萬元的罰單給他。

畢竟他違反法令在先，蔡吉輝對罰單的事情表示認了。可是他很快就打聽到，原來另外兩家被檢舉的養豬場，明明跟他是一樣的情況，最後都沒有被開罰！這樣的結果不禁讓人起疑，因為無論是鄉長先生或鄉公所秘書的弟弟，都剛好屬於黃派勢力。莫非，豬也有派系之別，黃派的豬儘管拉屎，林派的豬一拉屎就要罰？蔡吉輝因此感到憤慨，就把這件事爆上媒體，並宣稱準備去檢舉另外兩家養豬場沒有廢水處理設備，帶環保局的人親自查看。如果環保局繼續處理不公，他就要帶民進黨的朋友去環保局抗議。

以上只是環保局會遇到的其中一種爭議。在台灣只要談到環境問題，最常聽到的句子大概就是「環保跟經濟不可兼得」了——如果要發展經濟，勢必得犧牲原本的天然環境。表面上這句話是對的，能夠「拚經濟」的事情，通常會因為污染、破壞地貌等理由不討環保團體的喜愛；而要讓環保團體滿意，往往就不能無所顧忌的開發、拚經濟了。但事實上，環保跟經濟沒有那麼矛盾，對某些人來說，「拚環保」就是在「拚經濟」，拚他們自己的經濟。

就拿垃圾場來舉例，垃圾場是知名的嫌惡措施，沒有人希望自己的家旁邊是垃圾場，也沒有人希望自己所使用的水源跟土地遭受垃圾場汙染，但人類生活就是會製造垃圾，使得垃圾場一座又一座的興建。[1]由於大家都討厭垃圾場，因此每當要興建時，就會給予當地居民一定的回饋金。這造成了部分居民因為政治考量或回饋金多寡而反對垃圾場建造，不再只是單純因為環境保護意識。如何協調垃圾場位置，往往成為各地環保局的困擾。

為了能順利興建垃圾場，地方政府跟環保局必須提供居民良好條件，諸如給予建設基金、家屬優先錄取環保局人員等等。過去的台北縣（今新北市）因為垃圾問題嚴重，還必須對鄉鎮市公所開出另外的獎勵措施：鄉鎮市每闢一座垃圾場，就要撥給兩千五百萬元，再依土地面積大小，每公頃補助卅萬元，其中補助費的百分之十，可以用於宣導和請居民出國上。這為數不小的利益，也使背後政治角力更為複雜。

有環保局官員就提到，許多帶頭抗爭的人物，往往也是地方派系頭人。台北縣政府過去在三峽的山員潭子興建區域掩埋場時，就遇上了三峽當地分為「鎮長派」和「農會派」的意見衝突，在兩派人馬分別發起「民眾圍場」和「把垃圾倒在議員家門口」等激烈手段後，才終於達成協議，使事件落幕。另外，高雄市也曾在大林蒲發起廢棄物填海計畫，結果受到民意代表帶領的居民抗爭多次，甚至毆打環保局官員，造成環保局和大林蒲居民之間長期的緊張關係，但民意代表卻可以從中分一杯羹，拿到數千萬的賠償金。

---

1. 無論是垃圾場或是焚化爐，都會污染四周環境，並不是最佳的垃圾處理方法。要達到垃圾減量的目的，仍須由民眾落實分類、主動減少垃圾製造。

環保乍聽之下是崇高的理念，但實際執行上，從來沒有那麼單純。只要牽涉到人的事務，總有政治與派系的身影，秉持著地球大愛的環保局也不例外。

參考資料

①季良玉，〈「垃圾問題何時了」系列報導／抗爭篇(二) 建垃圾場 關鍵在政治不在技術〉，《聯合報》，一九九二年八月二十五日，第五版。

②吳昭明，〈查養豬廢水 罰處看派系？〉，《中國時報》，一九九二年十月四日，第十三版。

相關關鍵字頁面——**地方派系**(44)

歌廳秀

許雅玲

一九七〇、八〇年代，台灣經濟正在起飛，房子一間一間地蓋，股票一天一天地漲，但當時電視僅有華視、中視、台視三台，哪能滿足大眾的娛樂生活？在收入普遍提高的情況下，結合豐富燈光、樂隊，內容有趣好笑的各類秀場表演，吸引越來越多人買單欣賞，造就台灣秀場文化的輝煌盛世。

其中，「歌廳秀」是最受歡迎的表演形式之一，當紅的歌手、明星，在全台各地的歌廳唱歌跳舞、表演搞笑話劇和充滿黃色笑料的脫口秀。在娛樂內容被政府強力箝制的年代，這些有別於電視台節目，尺度大開的秀場演出因而大受歡迎，讓人們暫時脫離生活的苦悶無聊。一時之間，「南豬（豬哥亮）、北張（張菲）」、高凌風、鳳飛飛等藝人，稱霸各地秀場。

當時藝人參與演出，一場的酬金從一萬至四十萬不等，月收入高達數十至上千萬。這樣龐大的利益引來了黑道人士的覬覦，進而介入藝人表演。其中，最令人感到惋惜的案例便是許不了。他只要登台表演，必定吸引大批觀眾，卻因此被黑道視為搖錢樹，押著他奔波秀場表演。為了讓許不了有更多時間賺錢，黑道不停幫他注射毒品，藉此消除疲勞與身體疼痛。許不了身體受不了摧殘，三十四歲便猝然去世。其他如洪榮宏、白冰冰、豬哥亮等著名的藝人，也都曾有被黑道威脅、攻擊的經驗。

對很多藝人來說，他們表面上無限風光，實際上時時刻刻都無法擺脫黑道的糾纏。舉例來說，知名歌手葉啟田在當紅之時，每到一個地方作秀，當地的道上兄弟很快就會得到消息，前來威脅索取免費秀場門票，或者勒索保護費，對藝人造成財產和精神上的極大負擔。葉啟田在一九七七年時，就因為不堪台南地方幫派勒索，保鑣在一次衝突中不慎殺死對方，使得葉啟田以教唆殺人罪，入獄服刑三年。那麼，當時藝人想要脫離黑道騷擾的話，難道不能尋求警方幫助嗎？這樣的作法，反而可能被道上兄弟視為「告密」，招來更大的災禍。

黑道為了爭搶秀場利益，有時甚至到明目張膽的地步。一九八三年四月，當紅歌手「青蛙王子」高凌風到高雄藍寶石大歌廳作秀結束後，竟然在門外被黑道楊雙伍的手下槍擊大腿，這聲槍響震驚了整個台灣社會，也揭開亮麗舞台後的重重內幕。

時間回到一九八一年，高凌風在台北西門町的寶馬歌廳，談好作秀五天。但高卻只唱了四天就離開，得罪了背後投資的竹聯幫大老董桂森。高凌風南下尋求庇護，請求楊雙伍為他擺平糾紛，並承諾以後只接楊雙伍的秀。想不到，高凌風竟然食言而肥，又答應其他黑道作秀的邀約，觸怒楊雙伍，放話不准高凌風踏再上高雄一步。然而，各地秀場的勢力錯綜複雜，高凌風礙於黑幫人情，只好冒險南下作秀。終於在一九八三年四月二日前往高雄藍寶石大歌廳後，被槍擊中大腿，重傷送醫。

除了黑道對秀場表演的介入，歌廳經營者還要面對來自政府對演出內容的管制。在一九九〇年《違警罰法》廢除之前，警察可以引用「唱演淫詞穢劇或其他禁演之技藝」這一條規定，裁罰不適當的表演內容。一九七六年，歌手余天就因為話劇內容中帶黃色笑料，被高雄市警察局勒令吊銷演員證一年，[1]他登台的藍寶石大歌廳則被停業三天。當時歌廳表演為了取悅觀眾，內容往往重油又重鹹、兒童不宜，但藍寶石大歌廳在二十一年的經營時間中，卻神奇的只被罰了這麼一次。這是為什麼呢？首先，歌廳老闆在每次演出前，一定會「送紅包」給各級單位，換取對方睜一隻眼，閉一隻眼不找麻煩。再來，為了穩定經營利益龐大的歌廳，背後的老闆每個都大有來頭，足以擺平來自黑白兩道的各種問題。舉例來說，創立於一九七五年的藍寶石大歌廳，歷代經營者眾多，其中第一代老闆蔡有望，同時是高雄多家餐廳、酒家的經營者，和當權者關係良好，自然不會被政府刁難。接續經營的蔡松雄和楊登魁，前者曾經擔任高雄市議會副議長，後者則是影視大亨、八大電視台創辦人。蔡松雄出身黑道，在一九八五年因為「一清專案」被提報流氓，楊登魁則是高雄黑道——西北幫的要角，同樣是「一清專案」鎖定逮捕的對象，他在綠島管訓期間，還與羅福助等人創立了台灣三大黑社會組織之一的天道盟。綜觀藍寶石歷代的老闆，若不是在相關行業打滾多年，就是本身具有雄厚實力，才能斡旋多方

1. 一九七〇年代台北市政府、教育部相繼公布「台北市育樂事業管理規則」、「電影事業暨電影演藝人員輔導管理規則」、「演藝事業暨演藝人員輔導管理規則」，規定演員、歌星需考取演員證、歌星證，方能在外演出。演藝人員演出若違反善良風俗，將會被取締、吊銷證件，透過這樣的方式管理演藝人員思想及演藝活動。這樣的規定要到一九八〇年代後才逐漸鬆綁、式微。

勢力，順利經營。

來到一九八〇年代末期，往日一票難求的歌廳秀風光不在。一九八五年，三立影視（今三立電視前身）和豬哥亮簽約，以錄影帶形式發行《豬哥亮歌廳秀》，觀眾想要看表演，再也不用花大錢買票進歌廳了。除此之外，藝人走紅後價碼水漲船高，歌廳面臨電視節目和錄影帶的夾擊，觀眾減少，再也無法負擔龐大的經營成本，紛紛倒閉。當時台灣演藝圈的人針對這種現象，提到：「台灣的黑道都去圍標了，所以現在影劇圈都是規規矩矩的生意人。」反映了當時經濟的趨勢：黑道為利之所趨，轉而介入重大工程招標，不再插手演藝圈。台灣社會喧鬧一時的歌廳文化，終究逐漸趨於平靜。

參考資料

① 〈黑道插手演藝圈 陰影籠罩〉，《聯合報》，一九八四年十一月二十日，第七版。

② 劉益宏，〈公力保護、沒有指望 影歌明星、自求多福〉，《中國時報》，一九八三年二月二十一日，第

三版。

③高鴻飛，〈演藝人員黑道人物 關係經常糾纏不清〉，《聯合報》，一九八二年一月十日，第七版。

④程哲仁，〈黑道壟斷娛樂圈、藝人成爲魚肉 暴力吹垮安全線、治安面臨考驗〉，《中國時報》，一九八三年四月四日，第三版。

⑤楊起鳳、王雅蘭、陳慧貞，〈楊登魁 擦鞋童變大亨 七十四歲病逝〉，《聯合報》，二〇一三年一月一日，A8版。

⑥沈明川，〈影視大亨 擦過皮鞋、拉過三輪車……他的一生 起伏傳奇〉，《聯合晚報》，二〇一二年十二月三十一日，A4版。

⑦〈楊登魁接手藍寶石歌廳 耗資千餘萬澈頭澈尾大整修〉，《民生報》，一九八四年七月五日，第十一版。

⑧周宏浦，〈蔡有望和他的育樂事業〉，《經濟日報》，一九六八年七月二十二日，第四版。

⑨〈藍寶石歌廳 今起易主〉，《民生報》，一九八二年五月一日，第十版。

⑩〈蔡松雄被捕〉，《民生報》，一九八五年四月十八日，第十一版。

⑪〈余天提出陳情訴願 自承無心鑄錯 請求從寬發落〉，《聯合報》，一九七六年一月二十三日，第三版。

⑫〈黑道大煞星 齊聚高雄 港埠是非多 幫派林立〉，《聯合報》，一九八四年十一月十七日，第五版。

⑬張芳榮（二〇一三）。黑幫大老三度入獄 轉戰影視。（二〇二一年六月十四日檢索）。

⑭黑道餵毒控制！許不了的悲歌（二〇一一年九月十六日）。（二〇二一年六月十四日檢索）。

⑮劉世怡、葉子杰（二〇〇九）。昔日秀場天王 月入百萬賺很大！（二〇二一年六月十四日檢索）。

⑯阿圖賽（二〇一七）。【縮影人間】 豬哥亮的故事是許多台灣人的生活影像。（二〇二一年六月十四日檢索）。

相關關鍵字頁面——黑道(102)、黑金政治人物(155)

職棒簽賭

曾沅芷

「全壘打！全壘打！」、「三振他！三振他！」到棒球場場觀看熱血職業棒球賽事，是許多人與親友的美好回憶。球迷看著自己支持的隊伍打出安打、攻佔壘包、跑回本壘得分，就感到這一天特別值得。場上的球員們賣力跑壘、守備、打擊，只為了幫自己的球隊爭取勝利，他們為此揮灑汗水和淚水，也讓球迷同感他們的心情。

但是如果有一天，有人告訴你這一切的感動，其實都是事先假造的呢？

一九八九年成立的中華職業棒球聯盟，歷經了前七年的風光，從四隊擴張成六隊，並培養出無數忠實的球迷，卻在職棒七年、也就是一九九六年，爆發了嚴重的「打假球」事件。所謂的打假球，就是指場上球員並不是為了球隊勝利彼此拚戰，而是根據地下賭盤的要求，刻意在比賽中作假、放水來操縱地下賭盤。一九九六年的打假球事件俗稱「黑鷹事件」，因為被揭發涉嫌打假球的球員多半為時報鷹隊的成員，但其實也有部分當事人出自統一獅等其他球隊。

職業棒球員為什麼會放棄運動員的尊嚴，甘願成為組頭的工具人？因為打假球有利可圖。

組頭捧著上百萬元的新台幣來找球員打假球，有些球員甚至會親自下去簽賭，在預先知到比賽勝負甚至比分差距的情況下，放水跟簽賭的球員都可以得到一大筆額外收入。除此之外，有些球員可能原本不願意為錢屈就，卻受到組頭背後的黑道勢力以暴力威脅，不得不配合。

所以說，職業棒球簽賭的誘惑跟威脅到底有多大呢？一九九六年的這起「黑鷹事件」，檢調單位一辦下去，發現乖乖不得了，組頭們背後的大咖竟然是——嘉義知名地方勢力「蕭家班」的二哥蕭登獅！

蕭登獅是誰呢？他是人稱「蕭家班」三兄弟的老二，曾出任兩任嘉義市農會理事長，他的大哥蕭登旺當過嘉義市議會議長，三弟蕭登標則當過嘉義縣議會的副議長跟議長。蕭家班的勢力向來橫跨黑白兩道，不僅在嘉義地方政治上呼風喚雨，在黑社會中也頗有聲名。

那麼，為什麼蕭登獅這種政治色彩重的人物，會來職棒簽賭軋上一腳？原來，職棒簽賭的簽注站，是由橫跨黑白兩道的多重勢力、互相結盟合作共同設置，以便提高賭盤利益。至於一場球賽的押注金額，還可能達到上億元的規模，利益非同小可。然而不同的勢力儘管在建立簽注站上有所串聯，在賭球隊時卻又形成不同集團，常常因為押注球隊不同相互衝突，球員被對方人馬挾持教訓的事情也時有所聞。

一九九六年八月二十八日統一獅對上興農牛的比賽，蕭登獅集團跟另外一派分別押注、主導兩個隊伍輸球。兩支球隊都被要求輸球放水，那會怎麼打呢？結果十四連勝的統一獅強投郭進興，拼命投四壞球奉送分數；興農牛也不甘示「強」，投手一樣四壞連連，還加送一顆觸身球，兩隊更各有三次跟五次的失誤，失去職業棒球應有的水準。最後，統一獅以十二比七擊敗了興農牛，不小心贏球了，就這樣害押注統一獅輸球「讓四分」的另一頭獅子——蕭登獅，慘賠兩億元的賭金。

蕭登獅被下面的人扯出來之後，極力否認自己就是職棒簽賭的操盤者，他的妻子蔡貴絲則出面護航，表示老公根本不懂棒球，怎麼會當職棒賭盤組頭？然而調查結果證明，蕭登獅或許沒有多懂棒球，卻絕對懂得如何操縱職棒比賽跟賭盤。蕭登獅為了避免被政府掃黑行動掃到，加上職棒簽賭案纏身，連忙逃亡國外，在加拿大、日本、新加坡跟中國都待過，最後從日本前往美國時，在洛杉磯被警方捕獲，送回台灣。

檢調單位這邊，則掌握了許多蕭登獅集團涉嫌教唆施暴、恐嚇、利誘球員打假球的證據。比方說，蕭登獅曾先後在台北市凱悅、嘉義市嘉南等大飯店教唆手下「帶」職棒球員到指定的房間「聊天」，並在「聊天」時以槍械或暴力威嚇球員「就範」。蕭登獅最後終於承認，此次放水球事件的球員們，幾乎都有拿到他的好處，蕭登獅更在每次賭盤中押注兩億元以上的金額，顯示職棒打假球簽賭雖然可恥，但很好賺，涉及到如此龐大的利益，也難怪球員們無法抵擋誘惑了。

「黑鷹事件」揭穿了職棒球員與黑社會之間的勾結，他們對社會長期的欺騙，讓球迷為之心碎。之後有很長一段時間，曾經人聲鼎沸的中華職棒變得門可羅雀，畢竟信任一旦被摧毀，要重建很困難。為了一時的利益，假球球員付出的代價是自己的職業生涯，以及整個職棒產業的存續。除了用「可惡」來形容職棒簽賭的操盤者，大概也沒有別的詞彙來傳達球迷的心聲了。

La new

參考資料

① 高年億，〈職棒賭博案調查楊姓、蕭姓政壇人士 部分省議員疑利用地方派系介入 林國清幕後似有金主 嘉義蕭家否認傳聞〉，《聯合報》，一九九七年二月二日，第三版。

② 高年億，〈職棒賭博 至少三集團操控簽注 到案球員「充分供述」 中部顏姓民代否認 江泰權有回「不小心」打出二壘安打 對手也刻意不嚴密防守 兩隊都想輸；結果綁統一獅輸球蕭登獅賠了兩億元。〉，《聯合報》，一九九七年二月十四日，第三版。

③ 郭勝恩，〈家屬澄清蕭登獅未涉案〉，《聯合報》，一九九七年二月十四日，第三版。

④ 高年億，〈蕭登獅涉入職棒賭博 將被傳訊 傳獅牛一役讓嘉市農會理事長賠兩億 江泰權遭收押 郭進興、鄭百勝交保 都承認放水否認拿錢〉，《聯合報》，一九九七年二月十四日，第一版。

⑤ 范立達，〈逃亡五國 難逃法網 調局追蕭失先機 費盡心血逮著人〉，《聯合晚報》，一九九七年五月八日，第四版。

⑥ 范立達，〈涉職棒簽賭 列治平專案 蕭登獅一夜未眠 送綠島 昨晚自美押返，今早複訊時完全否認一切指控；檢警追查所涉在逃四共犯。〉，《聯合晚報》，一九九七年五月九日，第五版。

⑦ 羅紹平，〈蕭登獅承認簽賭 並稱涉案的二十一球員都拿到好處〉，《聯合報》，一九九七年八月八日，第三版。

⑧ 台灣棒球維基館。職棒簽賭事件（一九九六年）。（二〇二一年五月二十六日檢索）。

相關關鍵字頁面——黑道(102)

結語

我們成為了什麼樣的選民？

莊岳燊

選舉研究中，有一個叫做「分裂投票」的專有名詞，英文是 "Split-ticket voting"。在一場需要選出不只一個職位的選舉中，如果選民決定投給超過一個政黨的候選人，就是所謂的分裂投票。舉例來說，如果我在大選投給國民黨籍的總統候選人，立委則投給民進黨籍的候選人，就是分裂投票，沒有特定政黨偏好的我，則可以稱作「中間選民」。[1]

你現在或許在想：「台灣不是一直都是藍綠惡鬥，界限分明嗎？所謂的中間選民根本是假中立吧？」

有趣的是，在今日台灣，中間選民才是選舉時的最大族群。大致上來說，支持「台灣獨立」的選民大約佔了總體的二到三成，而主張和中國統一的人僅佔一到二成，剩下超過半數的中間選民，大多數贊成維持現狀，[2]他們致力守護台灣在國際上自立自主的地位，也可能會同時支持和中國合作發展經濟。除此之外，這些中間選民對政治有較高的熱忱，他們較為理性，投票時考量的是候選人和政見，並重視政黨輪替的民主過程。

問題來了，這些中間選民又是什麼時候出現的呢？

一九四九年，國民黨政府遷來台灣。為了迅速在人生地不熟的異地樹立統治正當性，國民黨開始扶植各地的派系參與選舉，勝選的派系頭頭獲得了分配資源和利益的權力，派系下層的人們在分到好處後，回過頭來投票支持，一個互惠又穩定的群體就這樣產生了。

與此同時，與國民黨立場不同的「黨外」勢力也持續成長，在一次次的選舉中培養實力。一九七七年的地方選舉，非國民黨勢力的得票率成長到將近百分之三十。黨外人士所努力的目標，不只是競選公職而已，他們透過各種不同形式向民眾宣揚民主的價值理念，推動台灣的民主轉型。

時間快轉到一九八六年。黨外的政治聯盟終於轉化為政黨的形式。而這個新興的「民主進步黨」成立三年之後，便在縣市長選舉贏得六個縣市，從此開始，台灣進入了兩黨政治的體制。面臨挑戰的國民黨，轉而拉拔地方上的黑道或金主投入選舉中，結合黑（暴力）和金（賄選）的黑金政治席捲台灣。

黑金政治和派系兩者結合，使得地方政府行政效率低落，貪腐、賄選頻傳，部分的選民轉而支持民進黨候選人。[3]在國民黨這邊，派系之間為了爭取選舉提名的鬥爭，反過來削弱了派

---

1. 除了「中間選民」外，亦有獨立選民、未表態選民、游離選民（ticket splitter）等名稱。
2. 此處之統計結果反應了二〇一九年的情形。
3. 惟民進黨得票數成長，另有競選策略成功，以及熟悉選舉提名、配票方式等因素，國民黨執政引起之民意不滿並非單一原因。

系的實力。而進入二〇〇〇年代的台灣，社會正在經歷巨大的變動：打壓異議人士的情治機構漸漸消失、媒體有更多報導內容的自由、司法系統逐漸健全……地方派系和黑金政治在這些改變下，不再「喊水會結凍」，獨霸地方政壇。4

那麼，台灣就這樣維持著藍綠相爭的局面嗎？當然不是！無論是國民黨還是民進黨的地方執政成績，顯然都不能讓民眾滿意，從二〇〇〇年開始一直到二〇一九年，人民對兩黨的政黨認同始終不曾超過四成。在這十幾年之間，每年有十萬多人去世，二十幾萬人出生，擁有堅定政黨認同的世代逐漸凋零，沒有強烈政黨偏好的年輕世代取而代之。隨著台灣的經濟成長、國民教育水平提高，這些選民累積了政治知識和選舉經驗，不再輕易的被政黨口號牽著鼻子走：最終，龐大的中間選民崛起，成為了台灣選舉的最大變數。二〇一四年，以往號稱「藍大於綠」的台北市，由無黨籍的柯文哲奪下市長寶座；二〇一八年，過去一片「綠油油」的高雄市，被國民黨籍的韓國瑜成功翻轉，入主市府。

所以，中間選民的出現，是不是就全盤改變了台灣的選舉生態呢？實際上，派系、黑金政治人物的勢力，就算分裂、衰退，對於像縣市議員這種層級較低的地方選舉，還是能藉由SNTV選制，發揮一定的影響力。許多縣市至今每逢選舉，賄選案件依舊頻傳，選民投給議員候選人的理由，則不外乎人情關係、曾受小惠、或候選人出身政治世家。那中間選民呢？他們可能認為這種選舉重要性不大而不願意返鄉投票、或對改變派系黑金盤據的地方政壇感到無力，結果，人們嘲笑中部某些縣市是「黑道的故鄉」，沒有買票沒辦法當選；南部的幾個縣市由「黑道議長」把持，年年浪費大筆的預算，東部縣市，則被「XX王」統治，壟斷各種大小選舉。身處二〇二〇年代，情況卻和一九九〇年代沒什麼差別。

事實雖然讓人感到洩氣，但並非無法扭轉。在網際網路的快速發展之下，議事機構開始引進直播技術，公開質詢、審議預算的過程，讓人們直接了解地方政治的運作。另一方面，越來越多對政治懷抱熱情，有能力的候選人投入基層選舉中，他們沒有派系、黨派或金主奧援，因此更需要人們的選票支持送進議會、政府，參與改變的過程。

地方政治，不像總統、立委，天天佔據新聞版面。即使如此，地方政府提出的政策、決定的預算卻和我們的生活息息相關。那麼，你對這些地方政治人物有什麼期待呢？你又希望自己生活的家園怎麼進步、革新呢？

在經歷了這麼多次選舉之後，你又成為了什麼樣的選民？

---

4. 情治機構廢止，使得政府無法恣意打壓異議人士；媒體擁有報導自由，開始揭發以往被封鎖的新聞；司法系統的健全，則減少了縱放、輕判有罪政治人物的特權司法現象。

參考資料

①小笠原欣幸著，鄭凱榕譯（二〇一九）。解讀台灣九合一選舉（上）。（二〇二一年六月二十三日檢索）。

②姚德輝，〈台灣地方首長選舉中間選民之研究：以台中市二〇一四年與二〇一八年二次選舉比較〉，東海大學政治學系博士論文，二〇二〇年。

③王金壽、翁立紘，〈追求地方政治研究的新典範〉，《臺灣民主季刊》第十六卷第一期，（二〇一九，台北），頁一二七～一四〇。

④楊華美（二〇一八）。你可以不投票給楊華美——如何成功翻轉二〇一八年花蓮縣議員的地方選舉。（二〇二一年六月二十三日檢索）。

⑤洪正（二〇一九）。就算逆風也要戰韓！——市議員敗選人的選後告白。（二〇二一年六月二十三日檢索）。

⑥董森堡（二〇一九）。從記者到議員，東經一一八度的民主開箱記。（二〇二一年六月二十四日檢索）。

社會事：權勢者的勝利手冊　台灣地方政治史的50個關鍵字

主編——張辰漁
作者——莊岳燊、曾沅芷、許雅玲、吳昌峻、陳力航
製作——世界柔軟數位影像文化有限公司
執行編輯——張笠
封面主視覺繪製——黃軍豪
拉頁圖、插圖繪製——笳彧
封面設計——賴柏燁@宏明目鏡店
美術編輯——賴柏燁@宏明目鏡店

出版者——前衛出版社
104056 台北市中山區農安街 153 號 4 樓之 3
電話｜02-25865708／傳眞｜02-25863758
郵撥帳號｜05625551
購書・業務信箱：a4791@ms15.hinet.net
投稿・代理信箱：avanguardbook@gmail.com
官方網站｜http://www.avanguard.com.tw

出版總監——林文欽
法律顧問——陽光百合律師事務所
總經銷——紅螞蟻圖書有限公司
114066 台北市內湖區舊宗路二段 121 巷 19 號
電話｜02-27953656／傳眞｜02-27954100

出版日期——2021 年 12 月初版一刷／2024 年 8 月四刷
定價——新台幣 350 元
ISBN——9789578019942（平裝）
9789578019980（PDF）
9786267076019（E-Pub）

國家圖書館出版品預行編目 (CIP) 資料

社會事：權勢者的勝利手冊：台灣地方政治史的 50 個關鍵字 / 張辰漁主編；世界柔軟數位影像文化有限公司製作；莊岳燊，曾沅芷，許雅玲，吳昌峻，陳力航作 . -- 初版 . -- 臺北市：前衛出版社，2021.12
面；　公分
ISBN 978-957-801-994-2(平裝)

1. 地方政治 2. 社會問題 3. 臺灣

575.33　　110017281